돈버릇

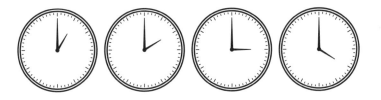

돈버릇

김나연(요니나) 지음

부자 습관 키우는 4주 머니 루틴

"잘 키운 돈버릇 열 재테크 안 부럽다"

2030 재테크 멘토 요니나가 알려 주는 돈 되는 습관

메이트북스

내 소비에 문제가 있다는 걸 알게 된 건 새해가 시작된 지 6개월이 지났을 무렵 진행한 가계부 모임에서였다. 3년 넘게 운영해 온 온라인 가계부 모임에서는 매달의 소득과 지출을 결산하고 다음 달 예산을 세우면서 소비를 관리한다. 특히 7월 모임에서는 1월부터 6월까지 결산 자료를 한꺼번에 취합하면서 상반기를 회고한다. 가계부를 10년 넘게 꾸준히 써 왔기에 별문제 없이 마무리하려던 찰나, 한 달 평균 소비 금액에 눈이 갔다. 그때까지만 해도 상황의 심각성을 인지하지 못했다. 그저 잘못 계산한 줄 알고 몇 번 더 계산기를 두드렸다. 변하는 것은 아무것도 없었다. 한 달 평균 소비액이 6개월 전보다 무려 두 배나 늘어난 것이다. 바이올린 수강료, 홈트 기구 구매, 날 위한 소비, 그 외 자잘한 금액들이 모여 나온 결과였다. 월 평균 55만 원 정도였던 한 달 결산 금액이 점점 증가하더니 5월, 내 생애 최대 소비 금액 99만 원을 찍었다.

뭘 그렇게 소비했는지 알고 싶어서 카테고리를 하나하나 뜯어보았다. 만족스러운 소비도 있었지만 지금 보면 의아한 소비도 꽤 많왔다. 특히 새해 목표 중 하나였던 화장품 구매 일절 금지는 다짐이 무안할 정도였다. 신기할 정도로 매달 꾸준한 소비가 있었다. 오랜 기간 가계부를 썼다는 안일함이 낳은 부끄러운 결과였다. '이 정도쯤은' 이라고 생각했던 소비는 커다란 덩어리가 되어 돌아왔다. 만약 이렇게 시간을 내서 중간 점검을 하지 않았더라면 연말에는 지금보다 더 큰 충격에 빠졌을지도 모른다.

미래 지향적인 사람이라 다가오는 새해에는 엄청난 포부와 함께 허리띠를 꽉 졸라매며 절약할 것이다. 그러나 며칠 지나면 다시 충동구매로 이어지는 예전의 소비 습관으로 돌아갈 것이고, 지금처럼 상반기 결산을 하며 충격을 받을 것이다. 이렇게 빤히 보이는 미래를 죽을 때까지 반복할 내 모습을 생각하니 눈앞이 깜깜했다. 이미 지나간 소비를 자책하며 과거를 부여잡기보다 남은 6개월을 어떻게 보낼지가 중요했다. 올해가 끝나기 전에 담백한 소비만으로도 충분히 행복했던 예전으로 돌아가고 싶었다.

가계부를 점검하는 마음은 굉장히 불편했지만 두 배 이상 늘어난 소비 현실을 받아들였다. 부정하지도 않았고 합리화하지도 않았다. 단, 연말 결산 모임이 있는 12월까지 변화가 필요했다. 먼저 남은 6개월 동안 지키고 싶은 한 달 소비 목표를 정했다. '50만 원 후반대로 돌아가기'처럼 무리한 희망 사항보다 90만 원으로 훌쩍 증가한 소비를 잠재우는 것을 목표로 '5만 원 덜 쓰기'부터 시작했다. 재테크에도 요요 현상이 오지 않도록 극단적으로 금액을 줄이기보다 익숙해진 소비 습관을 개선하는 데 방점을 찍었다. 다이어트를 할 때 운동만 하는 게 아니라 식습관도 함께 조절하는 것처럼 말이다. 사실 소비 금액을 줄이는 것은 단기간에 충분히 이룰 수 있다. 하지만 잠깐 반짝하고 사라지는 소비 다이어트는 내가 지향하는 목표가 아니다.

결혼, 독립, 입사, 퇴사 등 외적 상황은 작년과 크게 달라진 점이 없었기에 내적 문제를 찾는 것에 집중했다. 그러려면 항목별 예산을 실제로 어떻게 소비하는지에 대한 분석도 필요했다. 하루가 아닌 일주일 단위로 기간을 두고 가계부 양식을 이용해 점검했다. 이미 소비한 것에는 미련을 두지 않되 최대한 객관적인 피드백 자료를 활용해서 동일한 낭비가 없도록 실질적인 방법을 고민해야 했다.

금리가 높다는 이유로 상반기에 가입한 청년 희망 적금에 한도까지 꽉꽉 채워 넣으면서 쓸 수 있는 생활비가 줄었다. 당시에는 금리마저 매달 인상되는 분위기라 특판 고금리 예·적금 이벤트도 계속 나오고 있었다. 놓칠 수 없는 선착순 한정 판매도 많았다. 충동 저축 비중이 커질수록 미래를 위해 지금 내가 쓸 돈이 줄어들고 있었다. 저축을 줄이면 이런 고민도 없겠지만 소비로 얻는 당장의 기쁨을 위해 저축을 멈춘다는 것은 상상조차 하기 싫었다.

저축에도 만기일이 있듯 딱 6개월만 소비를 줄이고 돈을 내 편으로 만들기로 결심했다. 성공적으로 마무리하면 저축 만기 이자가 그동안 해지하지 않고 버틴 기간을 보상해 주는 것처럼 스스로도 한 단계 성장해 있을 것이라 기대하면서. 그렇게 나는 '자발적 가난' 프로젝트를 시작했다.

이 책은 부자로 만들어 주는 머니 루틴을 한 달 과정으로 구성했다. 1주 차에서는 돈버릇을 들이기 전에 준비해야 하는 것을 소개한다. 워밍업이 끝났다면 2주 차에서는 돈버릇을 본격적으로 실천하며 차근차근 부를 쌓는 방법을 알려 준다. 3주 차에서는 돈버릇이 흐려질 때 재정비하며 재테크 안목을 키울 수 있도록 돕는다. 4주 차에서는 돈버릇 4주 완성을 마무리하며 돈을 내 편으로 만드는 돈버릇 지속 방법을 소개한다. 책에서 알려 주는 돈버릇 노하우만 공부해도 재정적인 어려움을 해소할 수 있을 것이라 확신한다. 순서대로 읽는 것이 가장 좋지만 지금 당장 필요한 주제부터 읽어도 무방하다. 다만 반드시 행동으로 옮겨 나만의 무기로 발전시키길 바란다.

 요니나 NOTE

- 동기 부여가 필요하다면 가계부의 6개월 데이터 평균을 내 보자. 칭찬하고 싶은 소비도 있겠지만 충격이 꽤 큰 소비도 보일 것이다. 매달 진행하는 결산 피드백에는 결제할 수밖에 없었던 당시의 상황이 반영되어 주관적으로 평가할 가능성이 높다. 하지만 몇 달 뒤

숫자로만 적혀 있는 6개월치 데이터를 보면 소비한 것들을 객관적으로 바라보고 평가할 수 있다. 더 이상 이렇게 살면 안 되겠다는 위기의식이 생기면 기간을 정해 두고 자발적 가난 프로젝트에 도전해 보자.

• 자발적 가난 프로젝트를 시작하면 재테크 측면에서 다시 태어나겠다는 마음이 앞서 무조건적으로 지출을 줄이기도 한다. 하지만 오랫동안 좋은 습관으로 유지할 수 있도록 현실적으로 소비를 줄일 필요가 있다. 금액을 줄이는 방법은 단기간에 성과를 낼 수 있지만 얼마 지나지 않아 다시 제자리로 돌아갈 가능성이 높다. 오히려 이번 기회를 통해 소비 습관뿐만 아니라 전반적인 생활 습관을 점검해 긍정적인 방향으로 스스로를 이끌어 보자.

요니나 돈버릇 캘린더

앞으로 4주 동안 완성할 머니 루틴을 한눈에 볼 수 있는 캘린더를 소개한다. 책에서 알려 주는 돈버릇을 익힌 다음에는 190쪽의 액션 플랜을 참고해 꼭 실천해 보길 권한다. 지금 바로 사용할 수 있는 '요니나 돈버릇 트래커'는 228쪽에서 확인할 수 있다. 하루하루 실천 여부를 표시하고 일주일의 결과를 별점으로 평가해 보자. 간단한 코멘트를 남겨도 좋다. 이때 주의할 점은 칭찬과 반성을 함께 코멘트하는 것이다. 칭찬과 반성 중 어느 하나로 치우치지 않도록 조심하며 일주일에 5분만 코멘트를 작성하는 데 투자해 보자. 4주가 흐른 뒤 한 장의 캘린더로 돈과 얼마나 친해졌는지 알 수 있다. 한 장으로 정리된 결과를 검토하며 한 걸음 물러서서 잘한 것은 무엇인지, 부족한 것은 무엇인지 파악하다 보면 어느새 돈은 내 편이 되어 있을 것이다.

워밍업 주간						
Day 1	Day 2	Day 3	Day 4	Day 5	Day 6	Day 7
액션 플랜 1단계: 목표 세우기			액션 플랜 2단계: 과거 돌아보기			

실천 주간						
Day 8	Day 9	Day 10	Day 11	Day 12	Day 13	Day 14
액션 플랜 3단계: 현실 반영하기			액션 플랜 4단계: 피드포워드하기			액션플랜5단계

재정비 주간						
Day 15	Day 16	Day 17	Day 18	Day 19	Day 20	Day 21
액션 플랜 5단계: 방해 요소 제거하기			액션 플랜 6단계: 반드시 해야 할 이유 찾기			

지속 주간						
Day 22	Day 23	Day 24	Day 25	Day 26	Day 27	Day 28
액션 플랜 7단계: 목표를 실생활과 연결하기			액션 플랜 8단계: 함께할 사람 찾기			

Day 29	Day 30
액션 플랜 8단계	

1주차

돈과 친해지는
돈버릇 워밍업 주간

2주차

차근차근 부를 쌓는
돈버릇 실천 주간

3주차

재테크 안목을 키우는
돈버릇 재정비 주간

4주차

돈을 내 편으로 만드는 돈버릇 지속 주간

1주차

돈과 친해지는
돈버릇 워밍업 주간

<u>자발적 가난을 시작하다</u>

요즘 같은 고물가 시대에는 고민이 이만저만이 아니다. 영원히 오를 것 같던 주식도 무서운 속도로 바닥을 치고, 그것으로 모자라 지하가 몇 층까지 더 남았는지 아직 모른다. 기준 금리도 빅스텝, 자이언트스텝을 거듭하며 계속 올라가는 통에 재테크 시장이 혼란스럽다. 1년 전에 진행한 재테크 강의 자료에는 연 2% 금리가 귀하다고 제시되어 있지만 지금은 입출금 통장마저 연 2%면 낮다고 갈아타는 분위기다.

저축으로만 재테크를 했을 때는 금리가 오르는 상황이 오래 지속되길 바랐다. 하지만 저축뿐만 아니라 주식 투자와 레버리지 효과를 얻기 위해 종종 대출을 이용하는 지금은 이전과 마음이 다르다. 금리 하락기 때 투자로 수익을 내는 것에 익숙해서 그런지 금리 상승기에는 재테크 방향을 어떻게 잡아야 하는지 난감했다. 앞으로 살아가는 동안 금리는 상승과 하락을 끊임없이 반복할 텐데 흐름에만 맡길 수는 없었다.

소나기가 내리면 그칠 때까지 피할 수 있다. 하지만 재테크 하락기는 다르다. 잠시 속도를 멈추고 일상생활에 집중하려고 하지만 돈은 숨만 쉬어도 빠져나간다. 평소와 다를 것 없이 소비했지만 물가 상승으로 같은 물건을 사더라도 지출 금액이 늘었다. 연봉이 상승하는 폭보다 물가가 오르는 폭이 더 크다. 심지어 소비 대부분이 일상을 영위하는 데 필요한 최소한의 생필품일 경우에는 해결책을 찾기가 더 힘들다.

예산이 없다며 터무니없는 강사료를 제시하는 업체를 거절하다 보면 일하는 만큼 수입이 들어오는 프리랜서의 삶도 마냥 부럽게 볼 수는 없다. '다른 직업을 찾아야 할까?', '수입 활동을 늘려야 할까?', '저축 비중을 줄여야 할까?' 수많은 고민을 했다. 그러다 우연한 기회에 떠오른 단어 '자발적 가난'에서 힌트를 얻었다. 가난이라는 부정적인 뉘앙스를 풍기는 단어를 스스로 선택하고 적극적으로 사용하는 모습이 흥미로웠다. 누군가에게 가난하다는 말을 들으면 기분이 나쁘지만 그러한 삶을 주도적으로 사는 것은 또 다른 문제였다. 자발적 가난으로 돌파구를 만들 수 있을 것 같았다. 단, 또렷한 기준과 최소한의 규칙이 필요했다.

자발적 가난이란?

☛ 타인에게 피해를 주지 않고 오롯이 나의 선에서 소비 및 생활을 해결하는 상황. 사람의 기본적인 도리를 지키며 빌붙지 않는다. 가지고 있는 물건을 재사용하며 새로 사는 물건을 줄인다. 부득이하게 새로운 물건을 구입하는 경우에는 무형으로 대체할 수 있는 것에 집중한다. 자기 자신에게는 검소하더라도 타인에게는 오히려 베풀 줄 아는 삶을 가리킨다.

자발적 가난은 소비한 다음 버리는 것에 초점을 맞추지 않고 소비하기 전에 소비 가격 이상의 가치를 얻을 수 있는지 판단하고 결제하는 것에 초점을 맞춘다. 예를 들어 카페를 이용하는 비용으로 5,000원이 발생한다면 우리는 5,001원 이상 가치를 얻어야 한다. 단순히 마시고 싶다는 이유로, 점심 또는 저녁을 먹고 난 후 습관적으로 들른다는 이유로, 충동적인 감정을 다스리지 못한 상태로 지출하지 않는다. 오히려 친구와 만나기 위해서, 혼자만의 시간을 보내며 독서하거나 플래너를 작성하는 등 생산적인 활동으로 이어지는 소비의 카페 이용은 적극적으로 추천한다.

한마디로 미니멀 라이프의 재테크 버전이다. 미니멀 라이프는 단어 자체에서 풍기는 고급스러운 이미지로 도전해 보고 싶게 만든다. 평소 쓰지 않는 제품을 정리해서 버린 뒤 설레는 물건만 남긴 채로 생활을 유지해야 한다. 하지만 물건을 비우다 보면 더 좋은 것을 사고 싶은 욕심이 생긴다. 평소 빈 공간이 어색한 사람일수록 끊임없이 채우는 것에 편안함을 느끼기도 한다. 열심히 물건을 정리하지만 소비에 대한 본질을 정하지 않으면 통장에는 돈이 남아 있지 않을 수 있다. 이를 보완한 자발적 가난은 있어빌리티와 거리가 멀다. 단단하고 담백한 삶을 추구한다. 오히려 가지고 있는 물건을 더 잘 쓰려는 방법을 모색하면서 있는 것에 충분함을 느낀다. 자발적 가난에 뜻을 두었다면 의식하지 않아도 지출 없는 날이 자연스럽게 늘어날 것이다.

물건에 치인다는 느낌이 들 때마다 미니멀 라이프를 꿈꾸며 매번 정리해 왔지만 일시적일 뿐이었다. 어느 순간부터 지금 쓰지 않는 것을 미련 없이 버리고 더 좋은 물건으로 대체하고 있었다. 내 삶을 정리하는 건 좋은데 물건을 너무 쉽게 버렸다. 물건을 버리며 홀가분한 마음이 들기보다 환경 파괴의 주범이 된 것 같아 마음이 불편했다. 종종 새 물건을 사기 위해 버린다는 느낌까지 받았다. 이제는 들어올 물건보다 가지고 있는 물건에 집중한다. 자발적 가난을 기회로 물건을 최대한 오래 쓰는 연습을 했다.

앞부분 몇 장만 썼던 노트를 온전히 다 쓴다. 펜도 기능을 다 할 때까지 쓴다. 잉크가 더 이상 나오지 않을 때 미련 없이 쓰레기통에 버리는 그 쾌감이 참 좋다. 집에 있을 때는 냉장고 파먹기, 사무실에서는 샐러드 위주로 가볍게 먹는다. 어쩔 수 없이 배달 음식을 먹어야 한다면 먹지 않는 밑반찬, 국물, 소스를 사전에 빼 달라고 요청한다. 옷이나 신발, 가방 등은 평상시와 강의, 결혼식과 다른 행사로 크게 두 가지 상황으로 나눠 단순화한다. 에코백, 텀블러는 필수로 들고 다닌다. 요즘은 전자 영수증도 잘 되어 있어 용도가 딱히 없으면 종이 영수증은 받지 않는다.

업무를 볼 때도 환경을 생각한다. 온라인 스토어에서 물건을 판매할 때 포장에 신경을 쓴다. 비닐 사용을 최소화하고 포장재, 박스, 테이프 등은 모두 종이 재질로 바꾸고 있다. 환경 친화적 포장은 추가 비용이 조금 더 발생하지만 주고받는 사람의 마음을 불편하게 만드는 비닐 포장을 줄인다는 취지로 시작했다.

자발적 가난은 미니멀 라이프와 무지출 챌린지의 중간 단계로 누구든지 실행할 수 있다. 여전히 내 주변에는 물건이 너무나도 많다. 딱 6개월만 해 보자. 결코 쉽지 않겠지만 이번 기회를 통해 담백한 삶에 한 발자국 더 가까워져도 좋겠다.

요나나 NOTE

- 미니멀 라이프는 소유한 물건을 정리하고 비우면서 자신에게 꼭 필요한 것들만 남겨 두는 삶을 추구한다. 자발적 가난은 미니멀 라이프의 본질처럼 최소한의 물건을 두고 살되 소유한 물건을 버리

지 않고 최대한 사용하는 것에 방점을 둔다. 쓰레기통으로 버리지 않고 재사용하며 비슷한 물건을 중복으로 구매하지 않도록 신경 쓰는 것이다. 공간을 차지하는 물건보다 E-BOOK, 공연, 전시, 교육, 인간관계 등에 관심을 두고 집중할 수 있다. 가장 중요한 것은 소비하기 전에 가격 그 이상으로 활용할 수 있는지 시뮬레이션하고 확신이 생기면 구매하는 방식으로 소유할 물건을 정한다는 점이다.

- 미니멀 라이프와 자발적 가난은 소유하고 있는 물건을 리스트로 만들 수 있다는 공통점이 있다. 물건을 살 때 대체재, 보완재를 이미 가지고 있는지 한 번 더 확인하는 순서로 구매한다. 이 과정을 통해 사야할 물건이라는 판단이 들면 되도록 공간을 차지하지 않는 무형의 상품 또는 서비스를 우선순위로 고려한다. 이 외에도 소유하지 않고 대여할 수 있는 대체품을 찾기도 한다.

돈 버는 능력과
돈 모으는 능력은 다르다

20대부터 '돈'에 대한 관심이 많았다. 하지만 수입이 없다 보니 수중에 있는 돈을 어떻게 하면 새어 나가지 않게 잘 모을 수 있을지 고민했다. 처음에는 얼마 안 되는 돈을 관리하는 게 쉽다고 생각했다. 그러나 이성적으로 세운 합리적인 예상과 사고 싶은 것을 앞에 두고 내적 갈등하며 합리화하는 마음이 사뭇 달라 힘들었다.

　　돈 관리를 잘하고 싶은 마음에 여러 방법을 시도해 봤다. 한 달 용돈 중 일주일 동안 쓸 금액을 봉투에 넣어 가면서까지 생활해 봤지만 주말만 되면 남은 돈이 없었다. 날짜별로 발생하는 지출 금액이 다른데 매주 동일한 예산으로 일주일을 보내는 방법은 오래 유지하기 어려웠다. 심지어 기억에 남는 것을 구매하지도 않았건만 시간이 흐를수록 통장 잔고는 줄어들 뿐이었다.

수입이 생기면 돈 관리를 잘할 수 있을 거라는 자신만만했던 모습은 온데간데없었다. 결국 돈 관리의 기본인 소비 내역 기록부터 다시 시작했다. 매일 저녁 10시에 알람이 울리면 하던 일을 멈추고 가계부를 펼쳤다. 바깥에 있을 때는 핸드폰에 메모하면서 하루라도 건너뛰지 않으려고 의식적으로 노력했다. 소비했다는 행동에 집중하지 않고 소비한 이유를 스스로에게 하나씩 물으며 대분류와 소분류로 나눠 정리했다. '음료 소비'라고 기록하지 않고 '혼자 마신 음료' 또는 '친구랑 마신 음료' 등 소비 목적에 초점을 맞춰 기록했고 그 과정에서 굳이 쓰지 않아도 되는 돈에 대해 점검했다. 누군가는 피곤하게 모든 걸 기록해야 하느냐고 반문할 수도 있다. 돈이 필요한데 적극적으로 사용하지 못하는 상황이 나를 더 피곤하고 비참하게 만든다는 것을 알기에 오늘도 소비 흔적을 꾹꾹 눌러 담는다.

이후 자연스레 모이는 돈이 늘었다. 다들 취업 준비에 한창일 때 재테크 공부를 시작했다. 당시에는 주식 투자가 지금처럼 활발하지 않아 증권 거래는 CMA 계좌만 이용했고 대부분의 종잣돈은 예·적금 상품에 있었다. 이때는 블로그나 유튜브가 활성화되어 있지 않아서 실시간으로 재테크 정보를 얻는 것에도 한계가 있었다. 오히려 제한된 환경에서 내가 할 수 있는 것은 꾸준히 공부하고 직접 시도하면서 외부 상황에 흔들리지 않는 나만의 시스템을 만드는 일이었다.

사회생활을 또래보다 늦게 시작해서 수입은 적었다. 하지만 여러 가지 일을 하면서 돈이 들어오는 파이프라인을 만들면 단기간에 해결 가능한 문제였다. 그럼에도 돈 버는 능력보다 모으는 능력을 먼저 선택했다. 수입이 얼마 없을 때부터 돈을 모으고 관리하는 것을 습관으로 만드는 게 중요했다. 그래야 나중에 많은 돈이 들어와도 그동안 유지했던 시스템으로 자산을 늘릴 수 있을 것이라고 생각했다. 돈을 많이 벌면 자산도 저절로 많아질 것이라고 착각하지만 이미 늘어난 소비 습관을 다시 줄이는 것은 지금보다 더 많은 노력이 필요하다.

즉, 자산이 많은 것과 수입이 많은 것은 다르게 접근해야 한다. 겉보기에만 부자처럼 사는 게 아니라 진짜 부자가 되고 싶다면 소비 습관에 대한 점검은 반드시 거쳐야 하는 과정이다. 지금 당장 행동으로 옮길 수 있는 것으로는 재테크 목표 설정하기, 가계부 쓰기, 통장 쪼개기, 예·적금 등을 통해 초기 종잣돈 모으기 등이 있다. 가계부를 쓰면 수중에 있는 돈을 관리하면서 모을 수 있는 습관까지 만들 수 있다. 통장 쪼개기나 저축도 흩어져 있는 돈을 모을 수 있도록 도와준다. 누구든 쉽게 시작할 수 있지만 돈 모으는 능력을 하루아침에 키우는 것은 어렵다. 시간과 노력이 맞물려 습관이 되어야 그때 제대로 효과를 볼 수 있기 때문이다. 많은 이들이 쉽게 도전하지만 금방 포기하며 예전의 소비 습관으로 돌아간다. 돈을 모으는 습관은 유행을 타지 않기에 한 번 제대로 만들면 든든한 힘이 되어 줄 것이다. 누구나 할 수 있지만 오래 지속하는 사람은 적기에 더더욱 습관을 강조한다.

반면 돈 버는 능력은 사람마다 벌어들이는 시기와 과정, 금액 등이 다르다. 블로그나 유튜브 운영, 온라인 마켓, 전자책 판매, 온·오프라인 강의, 사이드 프로젝트로 수익을 다각화해 돈 버는 능력을 기를 수 있다. 사업에 필요한 아이디어를 얻거나 돈 들어오는 속도를 높이고 싶다면 자기계발에 관심 갖는 걸 추천한다. 평생 지속할 습관으로 만들어 두면 좋은 활동으로는 독서와 운동, 플래너와 일기를 활용한 글쓰기가 있다.

책은 성공한 사람, 본받고 싶은 사람의 경험과 생각을 말도 안 되는 가격으로 얻을 수 있는 매체다. 독서는 여러 분야를 빠르고 다양하게 접할 수 있는 방법 중 하나로 나만의 사업 아이템을 찾을 때 유용하다. 재테크에 관심 있다고 해서 재테크 분야의 책만 편독하지 말고 예술, 역사, 과학, 소설, 인문학 등 분야를 가리지 않고 언제 어디서든 읽는 습관이 중요하다. 아이디어나 노하우는 다방면의 지식을 흡수한 상태에서 나만의 지식과 경험, 가치관이 더해질 때 탄생하기 때문이다. 처음 독서할 때 관심 있는 분야에만 손이 가는 것은 당연하다. 해당 분야를 100권 정도 읽으면 그 분야의 전반적인 흐름을 파악할 수 있다. 이때 독서에 대한 자신감이 생기면서 분야의 확장이 필요해진다. 혼자 하기 힘들면 여러 분야의 책을 읽는 독서 모임에 참여하자. 5년 넘게 운영 중인 온라인 독서 마라톤 프로젝트는 매달 테마에 따라 함께 읽는 공통 도서가 정해진다. 모임에 참여하지 않았다면 과학, 사회, 역사는 여전히 기피하는 분야였을 것이다.

운동은 체력 관리뿐만 아니라 삶의 루틴을 유지하는 데 도움을 준다. 돈을 많이 벌면 100% 행복할 것 같지만 그렇지 않다. 평소 스스로 마음을 잘 돌보고 있느냐에 따라 달라진다. 오랫동안 성공을 이어 가고 있는 사람들의 공통점은 하루 중 운동 또는 명상하는 시간을 따로 마련한다는 것이다. 동적인 활동을 좋아하면 운동, 정적인 것을 좋아하면 명상을 추천한다. 운동 역시 자기 자신과 대화할 수 있는 혼자만의 시간을 주기에 생각과 마음을 정리하는 데도 유용하다. 이외에도 우울증이나 번아웃, 무기력 등을 물리칠 수 있다. 삶의 의미를 잃었을 때 운동으로 극복한 적이 있어 하루 10분이라도 시작하길 권한다.

글쓰기는 독서와 운동에 비해 낯선 활동일 수 있다. 더군다나 책을 쓸 것도 아니라면 굳이 필요성을 느끼지 못할 수 있다. 책 출간보다 나의 감정과 생각을 매일 기록하며 정리할 수 있기에 추천한다. 지금 당장 할 수 있는 것은 플래너 기록과 일기 쓰기다. 플래너는 목표와 계획에 대한 객관적인 점검이 가능하다. 일기는 주관적인 감정을 온전히 담아 적을 수 있다. 예전에는 감정 기복이 꽤 심했다. 타인의 시선과 판단을 의식하면서 주저앉거나 포기하는 일이 반복되었다. 이때 감정 일기를 쓰며 내 감정을 보듬어 주었다. 꼭 좋은 이야기만 쓸 필요는 없다. 솔직한 감정과 기분을 나만 볼 수 있는 공간에 쏟아 내는 것도 스트레스 관리에 큰 도움이 된다.

재테크와 자기계발의 지속과 성공 여부는 심리적인 부분이 크게 차지하기에 미리 관리하는 것이 좋다. 돈 모으는 능력과 돈 버는 능력을 동시에 갖추면 좋겠지만 어려울 경우 할 수 있는 것부터 시작하되 한쪽으로 치우치지 않도록 주의를 기울이자.

나는 취업 대신 우연한 기회로 1인 기업, 프리랜서 삶을 시작했다. 불안정한 삶을 보완하기 위해 졸업 전까지 1천만 원을 모았던 것이 오히려 미래 삶의 방향에 큰 도움을 줬다. 이후 줄곧 해 오던 온라인 활동 덕분에 30살 때 1억 원을 모았고, 30대 중반인 지금은 순자산 4억 원을 향해 달려가고 있다. 자산이 늘어나면 불편한 환경에서 마음이 맞지 않는 사람들과 일하지 않아도 된다. 그 선택권이 내게 주어지는 게 좋았다. 그렇다고 해서 평생 모으기에만 열중하지도 않았다. 내 생에 첫 종잣돈 1천만 원을 모은 이후 돈 버는 능력을 키우기 위해 자기계발에 꾸준히 투자했다.

언젠가 큰돈을 벌 기회가 왔을 때 돈 모으는 능력이 뒷받침되지 않는다면 부를 쌓는 것에 문제가 생길 수 있다. 아무리 돈을 많이 벌어도 부를 담는 그릇이 작다면 흘러넘칠 수밖에 없다. 소비를 통제하는 것에 어려움을 느끼고 자산을 모으는 경험을 해 보지 않았다면 돈은 손에 쥔 모래처럼 빠져나간다. 돈 모으는 습관을 내 것으로 만들기까지는 수많은 시간과 노력이 필요하다. 그리고 이것은 어쩌면 지루하게 느껴질 수도 있다. 하지만 돈 버는 능력과 달리 돈 모으는 능력에는 투자해야 할 자금이 필요하지 않기 때문에 결코 손해 보는 행동은 아니다. 무언가를 시도하고 도전해도 불안하지 않을 만큼의 자산이 만들어질 때까지 돈 모으는 습관에 집중하면서 돈 버는 능력을 키워 나가자.

돈과 시간에 대한 관심

초등학교 때는 일주일에 한 번씩, 중학교 때는 아버지의 월급날에 맞춰 한 달에 한 번씩 용돈을 받았다. 아버지의 월급날은 매월 20일이었는데, 한 달의 가운데에서 용돈을 받으니 시기가 애매했다. 한 달을 온전히 채우는 소비 습관을 만들고 싶어서 기준을 1일로 바꿨다. 이 기준은 변동 수입밖에 없는 지금도 잘 적용하고 있다. 1일 기준이 좋은 이유는 한 달에 대한 지출 데이터를 온전히 볼 수 있기 때문이다. 예를 들어 한 달의 기준, 시작을 20일로 잡을 경우 21일에 소비하는 이벤트 지출을 이번 달에 결산해야 할지, 다음 달에 결산해야 할지 헷갈린다. 처음에 적응하는 것이 어렵더라도 1일 기준으로 설정하면 고민거리가 줄어든다. 가계부를 쓸 때 여지를 남기면 피곤하다. 최대한 단순하게 쓰자.

중학생 때 매일 300원씩 모아 토요일마다 학교 앞 분식집에서 콜라와 팝콘치킨을 사 먹었다. 고등학생 때는 500원씩 모아서

2,500원짜리 아이스 초코를 사 마시는 게 일주일의 행복이었다. 어린 나이였지만 부모님께 돈이 필요하다고 손을 벌리지 않았다. 챙겨주는 용돈 안에서 간식과 준비물, 친구 선물 등을 해결했다. 용돈 기입장으로 시작해 지금은 직접 제작한 양식으로 소비를 관리하고 있다. 15년째 가계부와 함께 재테크 기본기를 다지는 중이다. 하루 이틀 지출 관리를 건너뛰면 헤프게 쓰고 싶은 나쁜 마음이 불쑥 나타난다. 심리적 안정을 취할 때 명상이나 심호흡을 하듯 소비를 통제할 필요가 느껴지면 가계부와 통장 잔고를 확인하면서 브레이크를 밟는다.

이른 나이에 재테크에 관심이 생긴 이유는 돈 때문에 꿈을 포기하고 싶지 않아서였다. 여기서 말하는 꿈은 흔히 직업으로 대표되는 장래 희망이 아닌 하고 싶은 것, 가지고 싶은 것, 가 보고 싶은 곳 같이 평생에 걸쳐 이루고 싶은 버킷리스트에 가깝다. 마주하기 불편한 사실이지만 꿈을 이루기 위해서는 돈이 필요했다.

수중에 돈이 없을 때부터 소비를 통제하는 습관을 익히면 평소보다 수입이 많이 들어오더라도 소비를 더 해야겠다는 유혹에 흔들리지 않을 수 있다. 얼마가 들어오든 이번 달에 쓸 수 있는 금액은 고정 지출과 변동 지출의 합계일 뿐 그 이상은 아니다. 한 달 용돈 35만 원을 받으며 대학 생활을 했을 때 용돈 외 부수입을 만들어 보겠다며 졸업을 앞두고 활동비를 지급해 주는 대외 활동을 한 달에 10

개씩 했다. 아르바이트에 비해 시간 소요가 크지 않기 때문에 매일 조금씩 여러 활동을 할 수 있었다.

대외 활동 하나당 한 달에 약 10만 원의 활동비를 받았다. 용돈을 제외하고 100만 원의 추가 수입이 생겼다. 지금까지 유지하고 있는 재테크 원칙 중 하나는 한 달에 소비할 금액을 제외한 추가 수입은 모두 비상금 통장으로 옮기는 것이다. 며칠 뒤에 꺼낼 상황이 생긴다고 해도 유혹이 가득한 소비 통장이 아닌 비상금 통장으로 옮겨 자산으로 만들어질 수 있게 준비한다. 주먹만 한 눈덩이를 계속 키워 눈사람으로 만드는 원리다. 10만 원만 있을 때와 10만 원이 10번 모여 100만 원이 되는 순간, 목돈에 대한 생각은 달라질 수밖에 없다.

용돈을 받으며 생활했던 대학생부터 수입이 불규칙한 프리랜서를 지나, 1인 기업을 하고 있는 현재까지 한 달 예산 이외의 소득을 따로 모으는 걸 반복하다 보니 자산은 계속 늘었다. 30살, 1억 목표 달성을 위해 남은 시간을 알차게 보내고 가치를 올리는 방법에 대해 고민했다. 대외 활동을 모두 우수자로 완주하고 싶은 욕심에 더해 시간마저 잘 활용하고 싶은 막연한 욕심이 있었다. 이때 처음으로 시간과 좋은 습관에 관심이 생겼다.

평소에는 아직 젊다고 생각한 나머지 시간이 무한한 것처럼 행동했다. 굳이 불편을 감수하며 좋은 습관을 만들지 않아도 사는 데 큰 지장은 없었다. 열심히 살 뾰족한 이유가 없었다. 주변에 자기계발로 성공한 사람도 없었기에 긍정적인 변화를 주고받을 수도 없었다. 바라보는 시야가 굉장히 좁았다. 대외활동을 하면서 매일 보는 가족, 지인이 아닌 전국 각지에 사는 또래들을 만날 수 있었고, 이들을 보며 새로운 자극을 받았던 기억이 난다.

　　돌아보면 과거의 나는 시간 약속을 제대로 지키지 않았다. 기분에 따라 생각하고 행동하는 게 일상이라 스스로 늘 예측 불가능한 상황에 부딪혔다. 모든 나쁜 일은 내게만 온다는 부정적인 생각도 끊이질 않았다. 어떤 약속이든 매번 5~10분은 기본으로 늦었지만 상황에 맞는 변명을 적절하게 늘어놓으면 위기를 모면할 수 있었다. 오랫동안 알던 사람은 그러려니 하고 이해해 주었지만 비즈니스로 잡은 첫 만남에서 시간 약속을 가볍게 여기던 행동 습관은 결국 나에게 어떻게 해서든 불이익으로 돌아왔다. 주변에서 끊임없이 고치라고 나무라던 나쁜 습관을 고치지 못한 채 이로 인한 몇 번의 직접적인 피해를 겪으니 경각심이 생겼다.

　　더 늦기 전에 악순환을 끊고 싶었다. 제일 먼저 시간은 무한하지 않음을 인정했다. 약속을 어기고 미루는 이유는 내게 주어진 시간이 많을 거라는 확신에서 나온다. '내일 하면 되지', '다음 주부터 새롭게 시작해야지' 지금 불편한 순간을 회피하기 위해 불확실한 미래에 희망을 건다. 나 역시 그랬다. 충분히 오늘 할 수 있는 걸 귀찮고 힘들다는 감정을 통제하지 못해 미뤘다. 매번 1월 1일만 되면 새롭게 살 수 있을 것처럼 생각했다. 포기할 때는 또다시 다음 1월 1일을 기다렸다. 지금도 이렇게 합리화만 하는데 내년에 완전히 탈바꿈하는 게 가능할까? 미래의 나를 믿기 전에 현재의 나는 어떻게 살고 있는지 파악해야 했다. 돈을 관리하는 것처럼 시간 역시 스스로 경영하면 자유에 더 다가갈 수 있을 듯했다. 스스로의 민낯을 봐야 해서 힘들었지만 더 나락으로 떨어지기 전에 바로 잡아야만 했다.

시간은 남녀노소 평등하게 하루 24시간, 1,440분이 주어진다. 만약 매일 나에게 1,440만 원이 입금된다면 무엇을 하고 싶을지 가계부 예산을 세우듯 시간도 계획해 보는 것이다. 물론 상황에 따라 계획이 어긋나서 이루지 못할 수도 있고 생각보다 집중이 잘 되어서 2~3일 걸릴 것을 하루에 끝내 버릴 수도 있다.

시간을 관리하기 전에는 외부 상황에 따라 수동적으로 움직였다. 일이 잘못되면 환경 탓, 남 탓만 했다. '잘하려고 했는데 갑자기 몸이 안 좋아졌다' 또는 '예상하지 못한 일이 생겼다' 같은 변명이 타당하다고 생각했다. 돈만 관리했을 때는 혼자 늘 바쁘고 조급했다. 그럼에도 불구하고 결과물까지 제대로 나오지 않으니 스트레스를 받는 게 일상이었다. 열심히 해도 일의 효율성이 떨어지니 금방 지쳐 포기했다. 없는 시간을 쪼개 플래너를 적어도 이루지 못하니 무용지물이었다. '올해는 망했으니 내년부터 해야지' 아직 새해가 지난 지 몇 개월도 안 되었는데 또는 몇 개월이나 남았는데 쉽게 포기했다.

돈과 함께 시간을 관리하자 삶의 질이 높아졌다. 과거에는 하지 않았던 운동과 독서, 전시 관람, 악기 연주, 강아지 산책 등 이전보다 다양한 활동을 하는데 시간은 더 넉넉했다. 아등바등 살 때와 달리 자연스럽게 몸값도 올라갔다. 매달 2~3일은 빠지지 않고 찾아왔던 번아웃, 스트레스도 거의 사라졌다. 남들 눈에는 바쁘게 사는 것처럼 보이지만 매일 일정한 휴식도 챙기고 있다. 무한할 것 같던 시간이 그렇지 않다는 것을 깨닫고 시간에 관심을 가졌을 뿐이다. 돈만 관리했을 때는 재정적 풍족함만 따라왔다면 지금은 시간까지 관리하면서 정신적 풍족함도 얻었다. 악착같이 돈을 벌고 모으지만 삶이 행복하지 않다면 부자들이 가지고 있는 대표적인 습관인 시간 관리에 관심을 둘 차례다.

≡ 요니나 NOTE

시간과 목표를 관리하는 방법은 다양하다. 정답은 존재하지 않으므로 여러 노하우를 적극 활용하는 걸 권장한다. 플래너를 오랜 기간 사용하고 있지만 내게 적합한 방법은 지금도 계속 찾아가고 있다. 그동안 시도했던 여러 방법 중 꾸준히 활용 중인 방법을 소개한다.

첫째, 월간 달력을 이용하자

월간 달력 2개로 일정을 관리한다. 첫 번째 달력은 계획을 미리 적어 두는 캘린더 애플리케이션이다. 약속 또는 일정이 변경되었을 때 또는 수정이 필요한 상황에서 언제든지 반영할 수 있다는 장점을 놓칠 수 없다. 특히 스마트 워치가 있으면 핸드폰과 연동해 시간과 장소 등 키워드 위주로 일정을 기록하며 관리할 수 있다. 매주 일요일마다 일주일 일정을 미리 저장하고 변경할 일이 생길 때만 직접 애플리케이션에 들어간다. 예를 들어 '저녁 7시 역삼 도서관 강의'라고 적으면 화면에 보이는 중요 키워드만 확인해도 충분하다. 예전에는 플래너에 먼저 일정을 기록했는데 수정하다 보면 종이가 지저분해졌다. 반면 애플리케이션은 편리해서 좋지만 일정을 확인하려다 어느새 SNS으로 넘어가곤 했다. 자동으로 완성되는 행동 루틴을 바꾸고 싶어 지금 이 방법으로 정착했다.

두 번째 달력은 수기 플래너에 포함되어 있는 월간 양식이다. 이미 완료한 일정이나 결과 위주로 적는 것이 특징이다. 예를 들어 이번 주 월요일에 운동 계획이 있다면 일요일에 미리 핸드폰 캘린더에 '아침 10시 복싱'이라고 적는다. 이후 다녀왔으면 '복싱(7)'처럼 운동 횟수를 체크하는 숫자도 함께 넣는다. 추후 피드포워드 데이터를 만들 때 일일이 셀 필요 없이 직관적으로 확인이 가능하다. 추가로 기록한 결과물에는 색연필이나 형광펜으로 구분해 시각적으로 확인한다. 이렇게 구분하면 커리어, 재정, 브랜딩, 즐거움, 건강, 관계, 습관, 자기계발 8개 키워드 중 어떤 분야에 어느 정도 시간을 쏟았는지 알 수 있다.

둘째, 주간 양식을 이용하자

시중에 판매하고 있는 위클리 양식은 제품마다 다르다. 어떤 요소에 초점을 두느냐에 따라 시간 단위, 목표 단위 등 다양하다. 지금은 시간이 나누어져 있는 세세한 플래너보다 목표에 중점을 두는 양식을 쓰고 있다. 7년 넘게 24시간을 매일 기록하며 나의 효율이 가장 높은 시간대를 깨달았기 때문이다. 만약 촘촘한 시간 관리로 매 시간 충실하게 살아야 할 것 같은 부담감에 자꾸 포기한다면 목표 단위 양식을 고려해 보자.

아침(기상 후 9시 전) / 오전(9시~12시) / 오후(12시~18시) / 저녁(18시~취침 전) 이렇게 4개 파트로 나눠 그 시간에 할 것에 대한 키워드를 적으면서 플래너를 쓴다. 예전에는 일어나자마자 자기 전까지 하루에 해야 할 일들을 미리 계획했다. 계획이 착착 맞으면 좋다. 하지만 상황이 어떻게 달라질지 몰라 매번 수정하느라 진땀을 뺐다. 이제는 4개 파트를 활용해 유동성에 집중한다. 이마저도 변수가 존재하니 계획을 미리 세우는 것에 너무 많은 시간을 할애하지 말자. 오히려 간단하게 계획하고 실제 행동에 집중하는 것이 훨씬 효율적이다.

또한 플래너를 눈에 잘 보이는 곳에 펼쳐 놓는 게 중요하다. 귀찮거나 잊어버리면 출근해서 퇴근할 때까지 아무런 기록도 없는 하루를 보낼 수도 있다. 몇 번 건너뛰면 오히려 관리하지 않는 것에 더 익숙해진다. 목표는 자주 봐야 한다.

셋째, 우선순위와 투두 리스트를 구분 짓자

플래너에 하루 일정을 적었다면 늦어도 아침 9시 전까지 메모지에 우선순위와 투두 리스트를 나눠 적는다. 우선순위는 중요하지만 급하지 않은 것으로 대부분 꿈 또는 목표와 연결되며 운동, 독서, 외국어 공부 등 실행해도 성과가 당장 나오지 않는 것을 말한다. 투두 리스트는 중요하지 않지만 급한 것으로 메일 보내기, 통화하기 등 즉시 처리하면서 종결할 수 있는 것이 상대적으로 많다. 투두 리스트는 장기적으로 봤을 때 꿈 또는 목표와는 거리가 멀다. 그렇다고 우선순위만 관리하기에는 지금 당장 처리해야 하는 투두 리스트도 있으니 두 가지를 조화롭게 구성하는 게 중요하다. 나는 집중력이 높은 시간대인 오전에 우선순위, 남은 시간에 투두 리스트를 처리한다. 의식적으로 우선순위는 미루지 않고 당일에 완료하기 위해 노력한다. 그 외 성장 일기 쓰는 방법은 170쪽 참고하자. 평소 감정 기복이 심하거나 고민, 걱정이 많아 해결책을 찾지 못한 채 혼자 힘들어한다면 플래너와 별도로 일기 쓰는 걸 권장한다. 코로나로 수입이 줄어들고 자존감마저 떨어졌을 때 성장 일기에 많은 도움을 받았다. A5 크기의 노트 한 페이지에 하루 일기를 쓰면 충분하다.

목표는 직관적으로 관리해야 이뤄진다고 믿는다. 실제 내가 만든 결과물을 마주하기 힘들 수 있다. 하지만 스스로 계속 노출시키면서 익숙해지면 이상과 현실의 간격을 조금씩 좁혀 나갈 수 있을 것이다.

워밍업 기간이 필요한 이유

어떤 일을 새롭게 시작할 때 무의식적으로 내일, 다음 주, 다음 달, 내년으로 시작을 미룬다. 오늘까지는 나쁜 습관을 유지하고 내일부터 '짠'하고 좋은 습관을 장착해 새로운 삶을 살겠다는 계획이다. 변화의 시작 일을 정하는 건 늘 설레기에 충분히 공감한다. 시작 자체에 의미를 부여하는 것 또한 좋다.

그런데 어느 날 간절히 바라는 시기가 영원히 오지 않을 수도 있겠다는 생각이 들었다. 지금이 아닌 내일로 미루는 건 당연히 내일도 숨을 쉬고 있을 것이라는 가정이 필요하다. 100% 생존 확률을 장담할 수 없다고 느낀 그 순간 미래가 아닌 눈앞에 보이는 현실에 집중하겠다고 다짐했다. 이렇게 생각해도 지난 30여 년간 몸에 밴 습관은 어쩔 수 없었다. 머리로는 이해하지만 몸이 따라 주지 않았다. 이왕이면 제대로 하고 싶었는데 마음만으로는 충분하지 않았다. 그럴수록 다시 돌아가 기본에 충실해야 했다. 열정이 한가득일지라도 원래 상태를 계속 유지하려는 관성의 법칙을 이겨 내기에는 역부족 이었다.

시작하는 날을 정하면 2~3일 전부터 작게 준비하고 행동으로 옮기면서 몸을 예열한다. 이때 중도에 포기하지 않고 목표를 위해 달려갈 수 있는지 현실적으로 체크해 본다. 꿈으로 남겨 둬야 하는지 현실로 이룰 수 있는지 1차 점검을 해 보는 것이다. 이를 '워밍업 기간'이라고 부른다.

예를 들어 다음 달부터 무언가를 배우고 싶다면 미리 수강 방법을 알아보고 필요한 교재를 준비하는 시간이 필요하다. 일정에 차질이 없도록 스스로 할 수 있는 것에 집중한다. 그래야 시작하는 날부터 바로 실행할 수 있다. 일정 기간이 지나고 다시 결제해야 할 때가 오면 할인 이벤트가 없는지 확인하거나 결제 금액을 알아본다. 아무런 준비 없이 맞닥뜨리면 여러 고민과 마주하게 되어 목표에 방해만 될 뿐이다. 한 달에 4권 독서하기가 목표일 때 시작하는 날에 책을 선정하면 이미 늦은 것이다. 시작하기 2~3일 전에 책 선정을 완료하고 골라 둔 책의 표지와 목차, 프롤로그까지 가볍게 읽어 본다. 생각했던 내용이 아니라면 워밍업 기간에 다른 책을 고를 수도 있다. 한 달에 10권씩 읽을 수 있는 비결은 워밍업 기간에 신중하게 책을 고르기 때문이기도 하다. 1일부터 플래너, 가계부를 쓰고 싶다면 며칠 전에 구매하고 1일에는 써야 한다. 온라인으로 주문할 경우 배송 시간이 있으니 주말을 제외하고 여유 있게 시작 일에서 5일 전에 결제를 마친다.

시작하기 며칠 전에 바짝 신경 썼을 뿐인데 마음가짐 자체가 달라진다. 평소 아침 7시에 겨우 눈을 뜨면서 다음 달부터 새벽 기운을 얻겠다며 5시 기상을 목표로 하는 것은 한두 번 성공할 수 있어도 꾸준히 유지할 수는 없을 것이다. 중요한 시험을 치르기 전에 모의고사를 여러 번 풀면서 감을 익히듯 목표를 설정하고 행동하기 전에 충분한 연습이 반드시 필요하다. 매번 몇 번 시도만 하다가 '내가 그렇지 뭐'라며 포기한 경험이 많았다면 워밍업 기간을 꼭 활용하자. 더 이상 1일, 첫 시작에 너무 큰 의미를 부여하지 말자.

열정이 전부라고 믿던 시절에는 '첫날', '시작'이라는 단어에 의미를 부여했다. 하지만 며칠도 안 되어서 처음 그때와 달리 예상치 못한 일과 감정들이 치고 들어왔다. 그동안 어떻게 착실하게 실행했는지 어색할 정도로 예전 모습으로 다시 돌아가고 있었다. 여러 핑계를 대며 하루 이틀 빠졌고 계획에 구멍이 나기 시작했다. 고심해서 정한 목표를 안정적으로 실천하고 오래 유지하면서 결과물도 내고 싶었다. '너무 큰 욕심일까?' 생각했지만 그렇지 않았다.

돌발 변수를 어느 정도 알아두는 건 심리적인 측면에서 큰 도움이 된다. 처음부터 너무 촘촘하게 계획을 세우기보다 하루의 흐름을 파악할 정도로 시도해 보고 본인에게 맞는 방법을 찾는다. 예를 들어 가계부에 오늘의 소비 계획을 적을 때도 무조건 무지출에 도전하지 않고 하루 일과를 참고해서 돈 쓸 일정을 적는 식이다. 평소 어떻게 소비하는지 며칠 동안의 기록만 있어도 현실적인 목표를 세울 수 있다. 자료가 없다면 맨땅에 헤딩하는 꼴이지만 워밍업 기간만 잘 활용해도 결과는 충분히 달라질 것이다.

워밍업은 꼭 1일 기준이 아닌 시작 일에서 3~5일 정도 전에 여유 시간을 만들어 두면 된다. 그 기간 동안 충분히 몸을 풀어 보자. 진짜 내게 필요한 목표인지, 난이도가 적합한지 등을 체크할 수 있다. 주의할 점은 준비 과정이 너무 길면 시작하기 전에 이미 지칠 수 있다는 것. 그러므로 기간 설정에도 신경을 써야 한다. 자기계발 프로젝트, 챌린지, 클래스, 강의 등 비용이 발생하는 활동은 시작 전에 미리 노출된 자료와 후기 등을 참고해서 시뮬레이션해 보는 방법도 추천한다. 설명이 부족할 경우 문의를 통해 궁금증을 해결할 수도 있다. 이때 혼자 너무 앞서 나가면 진행하는 사람에게 실례가 될 수 있으므로 속도를 조절하면서 준비해야 한다.

며칠 앞당겨서 행동했을 뿐인데 방향과 목표가 명확해지는 경험을 할 수 있을 것이다. 특히 비용이 든다면 그 비용이 아깝지 않도록 적극적으로 활용해 보길 권한다. 지금과 다른 삶을 살고 싶어 매번 소중한 돈을 자기계발 명목으로 지불한 적 있는가? 하지만 며칠도 안 돼서 돈만 날렸다는 생각이 강하게 든 적이 있다면 워밍업 기간을 가져 보기를 추천한다.

2%를 대하는 태도

"몇 년 뒤에 사업을 하고 싶은데 돈은 어떻게 모아야 해요? 월급 받으면 주말에 술 마시느라 다 쓰는 것 같아요. 이렇게 살면 평생 월급에 의존할 것 같은데 그건 싫어요."

기본급에서 일하는 만큼 추가 급여를 받고 있는 20대 청년이 상담을 요청해 왔다. 3년 차 직장인으로 또래에 비해 실수령액은 적지 않은 편이었다. 30대가 되기 전에 동종 업종에서 사업을 하고 싶다는 의지와 달리 모은 돈은 거의 없었다. 저축 및 투자는 일절 하지 않고 수입과 지출만 있는 상태다. 재테크를 이제 시작하려는데 접근 방법을 모르겠다고 했다. 그래도 알려 주면 시도해 보겠다는 마인드다.

가끔 어정쩡하게 이것저것 저질러 놓아 수습하는 데 시간이 더 걸리는 경우가 있다. 오히려 지금처럼 백지 상태일 때가 재테크를 시작하기 좋은 조건일 수 있다. 기본 상태를 체크하기 위해 현재 사용하고 있는 통장을 물어봤다. 직장 근처에 있는 1금융권 연 0.1% 입출금 통장을 사용하고 있었다. 자랑스럽게 그 통장 안에 다 넣어 두고 쓴다는 말도 함께 전했다. 혹시 다른 은행 신규 거래에 부담이 있는지 물어봤는데 딱히 거부감은 없었다. 가끔 주거래 은행 외에 새로운 은행을 쓰면 큰일 나는 것처럼 생각하는 경우가 있어 재테크를 시작하기 전에 물어보는 필수 질문 중 하나다. 만약 거부감을 보이면 더 이상 알려 줄 것이 없기 때문이다.

금리가 계속 인상되는 시기에는 조금만 관심을 가지면 연 2% 통장도 쉽게 찾을 수 있다. 지금 당장 쓰지 않는 돈을 금리가 높은 곳에 옮기고 필요할 때마다 이체하는 방법을 알려 줬다. 이런 통장을 '파킹 통장'이라고 부른다. 요즘에는 여러 은행에서 각자만의 매력적인 금리로 고객 유치에 열을 올리고 있다. 해당 통장은 대부분 타행이체 수수료 면제도 가능해 자연스럽게 지금 쓰고 있는 연 0.1% 계좌는 소비 통장으로, 월급 받고 남은 돈은 파킹 통장으로 나눠 쓸 수 있다. 생각보다 쉬운 방법으로 소소하게 이자 받는 연습을 하면서 모든 통장이 똑같지 않다는 것도 배울 수 있다.

아무런 준비가 되지 않은 상태에서 무작정 저축부터 시작하면 목적이 명확하지 않아 중도에 해지할 가능성이 높다. 그 대신 쉽게 접근할 수 있는 입출금 통장을 바꾸는 것부터 직접 경험해 보길 권한다. 그래야 주거래 은행 맹신도 줄어들고 필요한 금융 상품이라면 주도적으로 갈아탈 수 있는 힘이 생기기 때문이다. 이런 정보는 직접 실천하지 않으면 무용지물이다.

한 달 월급이 어떻게 스쳐 지나가는지 알 수 있는 확실한 방법으로는 가계부 작성만 한 게 없다. 하지만 이마저 못 쓰겠다고 하니 통장을 하나 더 만들어 지금 당장 쓸 돈과 나중에 쓸 돈을 구분하는 것부터 시작하자고 권했다. 열변을 토하고 다음 주까지 계좌를 개설해서 일반 입출금 통장에 있던 돈만 옮겨 넣으라고 했다. 이것만으로도 재테크 시작의 큰 힘이 될 것이다. 재테크 정보는 상대방이 먼저 물어보지 않으면 이야기하지 않는다. 좋은 마음에 알려 줘도 받아들일 준비가 안 된 상태라면 정보나 조언이 그저 잔소리이기 때문이다. 하지만 이 친구는 만날 때마다 재테크 방법을 궁금해해서 족집게 과외로 알려 줬다.

일주일이 지났다. 미국은 기준 금리를 또 인상했고 한국은행도 발맞춰 금리 인상을 준비하는 시기였다. 하루가 다르게 예·적금 금리가 오르고 있었고 입출금 통장마저 연 2% 금리가 낮다며 0.1%p라도 높으면 이곳저곳으로 갈아타느라 다들 정신이 없었다. 이런 상황에서 기본 금리 연 0.1% 일반 통장을 고수하는 것은 재테크를 하지 않겠다는 말과 비슷했다.

"그 통장 만들었어요?"

"안 그래도 만들려고 좀 알아봤는데 이자를 2%밖에 안 주더라고요. 고작 2% 가지고 언제 돈 모아요? 차라리 주식 투자가 돈 더 많이 벌지 않나요? 그래서 안 만들었어요."

"그럼 뭐 어쩔 수 없죠."

국내 증시는 하루가 다르게 무너지고 있고 대출 금리마저 무섭게 오르고 있는데 고작 2%라는 것은 연 0.1% 입출금 통장을 쓰는 사람이 할 말은 아닌 것 같았지만 더 이상 추가로 이야기하지 않았다. 작은 것을 소중하게 생각하지 못하는 그 태도가 아쉬웠다.

재테크에 관심 많은 사람은 연 2% 상품이 나왔다고 하면 너도나도 가입을 한다. 다른 은행에서 연 2.2% 금리가 나오면 다시 새로운 상품으로 갈아탄다. 2%라고 하찮게 여기고 20%라고 대단하게 생각하면 큰 기회만 노리다가 시작조차 못하고 포기할 가능성이 높다. 어느 정도 재테크 개념이 잡힌 사람은 금리보다 본인이 넣을 수 있는 자산 규모에 더 신경을 쓴다. 10만 원의 2%는 2,000원이지만 1억 원의 2%는 200만 원이기 때문이다. 하지만 자산을 모아 가는 단계라면 금리 또는 세금 혜택이라도 꼼꼼하게 챙겨야 한다.

부자들은 이체 수수료를 아끼겠다며 걸어서 10분 거리에 있는 은행을 방문한다. 최근 한 은행이 고금리 저축 상품을 오프라인 선착순 한정으로 판매했다. 출시 당일 영업 시작 전부터 대기 줄이

엄청 길었다. 그들이 왜 작은 것에 집착하는지 이유를 알아야 한다. 기준은 상대적이다. 2%가 작을까? 그럼 20%는 큰가? 200%면 부자가 될 수 있을까? 돈을 모으는 과정에서 작은 것을 소중히 여기지 못하면 본질은 변할 수 없다.

저축 금리뿐만 아니라 대출 금리도 마찬가지다. 고작 0.1% 낮다고 무시할 게 아니라 '0.1%나 낮다고?'라고 생각을 전환할 필요가 있다. 은행에서 한 달 동안 30만 원을 넣어 두면 2천 원을 주는 이벤트를 했다. 누군가는 고작 2천 원이라며 넘길 수 있지만 그 2천 원 받기 위해 참여한 사람도 있다는 것을 잊지 말자.

건강 통장 잔고가 바닥을 보이다

움직이지 않으면 금방 살이 찐다. 먹는 것은 도저히 포기할 수 없어서 오프라인 강의나 해외여행처럼 활동이 필요한 일을 만들어 칼로리를 소비하며 체중을 유지하고 있었다. 하지만 10여 년 넘게 사용한 이 방법은 바이러스가 전 세계로 퍼지면서 3년 넘게 이용하지 못했다. 내 돈을 주고 떠나는 해외여행은 물론 강의, 클래스, 모임 등 한 달 소득의 절반 이상을 차지하는 외부 일정마저 뚝 끊겼다. 그동안 유행했던 다른 바이러스보다 공포감이 훨씬 심해 외부 일정을 모두 취소하고 집과 사무실만 오갔다. 평소 1만 보는 기본으로 걸었지만 이제는 겨우 5천 보만 걸을 뿐이었고 체력을 아끼고 보호해야 한다는 명목으로 움직임도 최소화했다.

몇 달 뒤 바이러스 공포감이 조금씩 줄어들자 다시 강의 요청이 들어왔다. 대부분 비대면으로 진행되는 실시간 온라인 강의였다. 온라인 강의를 해 본 적이 없어서 처음에는 거부감이 들었지만 적응하니까 무척 편했다. 비대면 수업이니 강의 장소로 갈 필요도 없었다. 강의 장소로 이동하는 시간이 사라지면서 다른 무언가를 추가로 할 수 있는 여유 시간이 생겼다. 그 결과 더 움직이지 않아 살은 불어났다.

배달 음식을 처음 접하게 된 계기도 식당 영업시간 단축으로 직접 가서 먹을 수 없었기 때문이었다. 온라인 강의가 밤 9~10시에 끝나면 저녁 먹기가 애매했다. 일찍 먹는 방법도 있지만 어차피 강의가 끝나면 배가 다시 고팠다. 한 끼만 먹는다면 강의를 마치고 여유 있게 저녁을 즐기고 싶었다. 온라인 강의가 끝나는 시간에도 영업하는 곳을 찾다가 배달 애플리케이션을 접했다.

처음에는 강의할 때만 잠깐 쓰려고 했는데 점점 이용하는 횟수가 늘어났다. 오히려 일찍 신문물을 접하지 못한 게 아쉬울 정도였다. 배달 애플리케이션은 잊을 만하면 한 번씩 쿠폰과 포인트를 발급해 줬다. 식당 오가는 시간, 음식 기다리고 계산하는 시간 등을 배달료로 대신하며 배달 오기 전까지 해야 할 일에 집중할 수 있었다. 밥 먹으러 간다며 하던 일을 중간에 끊을 필요가 없으니 장점뿐이었다. 느낌상 직접 가서 먹는 것보다 양도 더 많아 보였다. 한 번 주문하면 점심, 저녁으로 나눠 먹을 수 있어서 식비도 절약하는 느낌이었다. 상대적으로 안전한 공간인 사무실에서 편히 밥을 먹을 수 있다는 위안도 한몫했다.

장점만 있으면 좋았겠지만 아쉬운 부분도 있었다. 먼저 혼자서 최소 결제 비용을 맞추는 일이 쉽지 않았다. 몇몇 매장은 포장 및 배달 수수료 비용도 소비자가 일부 부담하는지 직접 가서 먹을 때보다 음식 가격이 1,000원 이상 비싸게 책정되어 있었다. 양이 많다고 마냥 좋아할 일이 아니었다. 그럼에도 습관적으로 식사 시간에 배달 애플리케이션을 켜고 있었다. 배달 가능한 주문 금액을 맞추려다 보니 평소에는 시키지 않을 사이드 메뉴를 골라 담기 시작했고 세트 메뉴일 때만 마시던 음료도 개별적으로 시켰다. '음료까지 넣으면 배달비가 무료니까 음료는 무료로 마시는 거네.'라며 이게 절약이라고 생각했다.

움직임은 더 줄어들었다. 언젠가부터 지하철 계단을 올라가는 게 힘들어졌고 조금이라도 걷겠다 싶으면 에스컬레이터를 찾아 탔다. 평소보다 활동량이 많은 날에는 금방 피곤해졌다. 편한 걸 찾을수록 내 몸은 점점 불편해졌다. 어느 날 거울을 보다 깜짝 놀랐다. 얼굴이 동그란 걸 넘어 통통했다. 1년 사이에 대체 무슨 일이 일어났는지 꽤 충격이었다. 체력이 떨어진 느낌도 기분 탓인 줄 알았다. 나는 바이러스 감염 차단을 위한 건강만 챙겼지 실질적인 체력 관리는 손 놓고 있었다. 이런 내 마음을 아는지 모르는지 조금씩 모임과 야외 활동 제한이 풀리고 있었다. 감사하게도 다시 강의 요청 메일이 하나둘 오기 시작했고 예전과 달리 대부분 오프라인 대면 강의를 원했다. 연예인 입금 전과 입금 후 외모가 변하는 사진은 남의 이야기라고 생각했는데 어느새 내 이야기가 되어 있었다. 지금 당장 외적인 모습을 코로나19 전으로 돌려놓아야만 했다.

어디서부터 시작할지 고민하다 체력 증진과 다이어트에 효과가 좋았던 헬스를 집에서 해 보기로 했다. 필요한 동작은 이미 알고 있었고 추가적인 동작은 각종 영상으로 보충할 계획이었다. 처음에는 스쾃, 런지, 플랭크처럼 어디서든 할 수 있는 맨몸 운동을 시작했다. 유산소 운동도 병행하면 좋았겠지만 층간 소음이 걱정되었다. 그렇다고 포기할 수는 없어 온라인에서 매트를 검색했다. 이날 이후 운동 용품 수집으로 통장 잔고가 꾸준히 줄어들었다. 매트마다 두께, 길이, 너비, 색상이 달라서 고심 끝에 하나를 골랐다. 매트를 시작으로 우리 집 거실이 헬스장이 되는 시간은 그리 오래 걸리지 않았다. 혼자 고군분투 운동하는 걸 보고 흥미를 느낀 어머니도 같이 하고 싶다고 했다. 인원이 늘었으니 필요한 운동 용품을 하나 둘 또 사기 시작했다. 1kg, 3kg, 5kg, 8kg 덤벨을 세트로 구매했고 보관하는 거치대, 운동에 함께 쓰면 좋을 힙 밴드도 구매했다. 아침에 일어나면 거실에 나와 운동했고 본격적으로 운동하고 싶어 유명 요가복 브랜드에서 운동복을 여러 벌 주문했다. 배송료를 절약하기 위해 토삭스도 추가했다. 운동을 시작한 지 두 달 만에 몇 십만 원이 사라졌다. 한 번에 구매하지 않고 필요할 때마다 결제했다고 생각했는데 돈을 쓰는 건 금방이었다.

돈 때문에 건강을 고민하고 싶지 않아서 건강 통장을 별도로 만들어 특정한 미션을 완료할 때마다 적금하듯 저축해서 돈을 모으고 있다. 매달 일정 금액을 자동 이체해서 기계적으로 돈을 모을 수도 있다. 하지만 평소 신경 써서 건강을 관리하고 작은 금액으로 동기 부여를 해야 오랫동안 꾸준하게 돈을 모을 수 있다. '1만 보 걷기', '음료 마시지 않기', '운동하기' 미션을 성공할 때마다 1,000원씩 건강 통장에 넣었다. 월평균 6만 원 정도 모였고 3년 넘게 하다 보니 1년에 72만 원, 거의 200만 원 정도가 쌓였다. 중간에 영양제를 구매하거나 PT를 등록할 때, 운동복과 운동화를 구매할 때 일부 보태 쓰기도 했다. 건강 통장은 적절하게 건강 관련 보상을 주면서 병원비와 약값은 물론 노후 의료비까지 책임지는 내가 만든 보험금이었다.

보험은 실비와 암 보험을 제외하고 추가로 가입하지 않았고 앞으로 가입하지 않을 예정이다. 보험은 미래의 위험에 대비하기 위한 소비형 재테크다. 화폐 가치는 시간이 흐를수록 떨어지기에 몇 십 년 후 지금의 원금을 보장해 주는 상품은 오히려 재테크 측면에서는 손해다. 분식점 김밥이 몇 년 전에는 1,000원이었는데 지금은 3,000원으로 오른 것처럼 추후 받을 원금의 가치도 지금과 동일하지 않을 것이다. 보험료는 감당 가능한 선에서 지출하자. 보험으로 불필요하게 발생하는 사업비까지 신경 쓰는 대신 건강 통장에 틈틈이 모은 돈을 필요할 때 꺼내 쓸 예정이다. 하루 최대 3,000원, 누군가에게 푼돈일 수 있지만 시간이 지나면서 꽤나 든든한 건강 자금으로 숙성

되는 중이다. 주식 투자로 불려 나갈 수도 있지만 긴급한 상황에 바로 쓸 수 있도록 당장 수익은 낮더라도 접근성이 뛰어난 파킹 통장에 넣어 두고 사용한다.

이렇게 평소 건강 관리에 신경 쓰다 보니 잔병치레가 많이 줄어 요즘에는 병원비와 약값 대신 운동을 위한 소비로 건강 통장을 비우고 있다. 아무 의미 없는 곳에 소비하는 것에 비하면 나쁘지는 않지만 건강을 핑계로 모은 금액을 가볍게 여기고 있는 것은 아닌지 소비를 점검하며 고민했다.

그나마 다행인 것은 홈 트레이닝이 훅 타오르는 불꽃은 아니었다는 것이다. 헬스장만 다닐 때는 가기 싫은 핑계가 수백 가지였는데 지금은 집에서 영상만 틀면 운동할 수 있는 환경이 된다. 살이 빠지기 시작한 건 운동을 시작하고 6개월이 지난 후였다. 먹는 건 포기하고 싶지 않아 식단 관리를 본격적으로 하는 대신 평소에 먹던 자극적인 음식과 배달 사이드 메뉴, 내 손으로 직접 시키는 콜라 등을 줄였다. 빠르게 먹던 식사는 20분 동안 타이머를 설정해 천천히 먹으려고 노력한다. 주 2회는 점심 또는 저녁 메뉴로 샐러드를 추가했다. 운동하는 목적을 바디 프로필 촬영이나 다이어트에 두지 않고 건강하게 살기 위한 체력 증진에 두었다. 잠깐 하고 끝내는 게 아니라 오랜 기간 동안 꾸준히 운동하는 것이 목표다. 운동 기구를 미친 듯이 샀던 그날 이후 더 이상 새로운 것은 사지 않은 채 근육량을 늘리고 있다.

사지 않을 용기

무의식적으로 나오는 소비 습관에 대해 주의를 기울이고 있지만 쉽지 않다. 필요한 물건만 사겠다거나 이미 구매한 것을 모두 쓰고 그다음에도 필요하면 한 번 더 고민하겠다고 다짐해도 습관적으로 결제 버튼 누르는 나를 발견하면 스스로가 무서워진다.

지난 책을 작업할 때부터 써 온 펜이 갑자기 나오지 않았다. 글 쓰는 건 여전히 종이와 펜의 조합을 좋아해서 이면지에 손으로 쓰고 타이핑하는 과정을 거친다. 애정 많은 펜인데 휴지통으로 작별을 고했다. 동일한 제품을 찾아보니 오프라인에서는 500원, 온라인에서는 200원에 팔고 있었다. 온라인 판매가를 아는 순간 직접 가서 펜을 사는 것은 왠지 손해 보는 느낌이었다. 온라인 상점에서 구매하기로 결정했는데 이번엔 배송비가 마음에 걸렸다. 무료 배송 기준에 맞추기 위해 다른 것들을 장바구니에 담았다. 당장 필요한 것은 분명 검은색 펜 한 자루였는데 이번 기회에 다른 색, 다양한 굵기도 써 보겠다며 신나게 추가한 다음 결제 버튼을 눌렀다.

　　순식간에 일어난 일이었다. 정신을 차려 보니 500원이면 충분했던 소비는 16,250원으로 늘어났다. 300원 아끼려다 더 많은 지출이 생겼고 안 그래도 넘쳐 나는 볼펜인데 또 새로운 식구들이 생겼다. 허겁지겁 결제 취소 버튼을 눌렀다. 충동적인 소비로 이내 후회한다면 온라인 상점이 영업하지 않는 시간 또는 영업하지 않는 요일에 주문하고 생각할 시간을 갖는 것도 한 가지 팁이다. 라이브로 판매하는 상품은 아무리 저렴해도 평소 사용하는 브랜드가 아니면 관심조차 갖지 않는다. 스스로의 소비 성향을 알기에 미리 피하는 편이다. 며칠 뒤 그동안 모아 둔 포인트를 전부 사용해서 0원으로 검은색 펜 한 자루를 구매했다.

대분류	소분류	브랜드 및 내역	결제 수단	금액	비고
생활용품	문구류	**스토어, 필기구 20개	카드	16,250원	결제 취소
생활용품	문구류	%%문고, 검은색 펜 (500원)	포인트	0원	

　　연필꽂이에는 검은색 펜만 열 자루가 있었다. 직접 산 것도 있지만 행사나 이벤트에서 받은 것도 많았다. 지금 쓰고 있는 펜의 운명이 다하면 차례대로 쓸 예정이었는데 마음속 깊은 곳에서는 새 제품을 원했다. 결국 써 보지도 못하고 잉크가 굳어 생을 마감하는 필기구도 꽤 많았다. 앞으로 추구할 목표는 필요한 양에서 여유분 한

두 자루까지만 가지고 있는 것이다. 알록달록 색깔 있는 볼펜도 정작 어디에 어떻게 써야 할지 몰라 방치해 두고 있었다. 구매하기 전에 활용 범위를 시뮬레이션해 보기까지 했는데 좀처럼 사용하지 않았다. 오히려 검은색 펜과 색연필로 은은하게 꾸미는 게 더 잘 맞아서 앞으로 사지 말아야 할 물품에 파란색 펜과 빨간색 펜을 제외한 색깔 펜을 추가했다.

요즘에는 예쁘고 좋은 물건이 많고 가격마저 저렴해서 구매하는 게 쉽다. 고르고 골라 고심 끝에 샀지만 구매할 때와 달리 설렘은 이내 사라진다. 그저 방에 있는 하나의 물건으로 인식하고 관심 밖이다. 그러다 다른 물건이 마음속에 들어온다. 예전에 비해 부족함에서 느껴지는 갈증은 많이 줄었는데 소유에 대한 갈증이 늘었다. 물건을 고를 때 이건 이것, 저건 저것처럼 쓰임을 정한다. 그 후 비슷한 상품에는 더 이상 관심보이지 않는다. 이 방법으로 애용하는 브랜드를 단순화하며 물건 유목민 생활을 정리한다.

'매일 한 장 가계부'를 출시하기 전까지 나에게 맞는 가계부를 찾느라 많은 시간과 에너지를 쏟았다. 평점 좋은 애플리케이션도 써보고 무료로 공유해 주는 엑셀, 노션 파일도 열심히 내게 맞춰 정리했지만 금방 싫증이 났다. 남의 옷을 입은 듯 불편했다. 더불어 나에게는 단순한 기록을 넘어 데이터로 활용할 수 있는 도구가 필요했다. 제작 시간은 꽤 오래 걸렸지만 추구하는 재테크 가치관, 가계부 활용법을 담은 양식을 구성해 2017년에 '매일 한 장 가계부'를 출시했다. 이후 다른 가계부 양식, 디자인에 눈을 돌리지 않고 돈 관리에만 힘쓰고 있다. 비슷한 이유로 '루틴포유 플래너'를 제작했고 2022년 하반기부터 해당 플래너로만 목표를 관리하고 있다. '조금 더 빨리 출시했다면 시간과 돈을 소비하며 모험하지 않았겠지.' 하는 아쉬움도 있었다. 반대로 이런 경험 덕분에 돈 관리, 시간 관리에 진짜 필요한 제품이 나왔다고 생각한다. 매해 겨울, 내년에 사용할 다이어리와 가계부를 어떤 것으로 살까 고민하며 매대를 기웃거렸지만 이제는 그런 걱정을 하지 않아도 된다.

'오늘 나는 무엇을 샀는가?'
'한 달 전에 샀던 물건, 지금은 어떻게 사용하고 있는가?'

SNS만 봐도 당장 결제하고 싶은 예쁜 물건이 무궁무진하다. 한 번은 무언가에 홀린 듯 쿠폰과 포인트를 모두 털어 차액만 결제하려다 다시 정신을 차리고 장바구니 속 물건을 비운 적이 있다. 새 물건을 사려면 기존에 쓰던 걸 정리해야만 했다. 지금 잘 쓰고 있는 물건도 진짜 원해서 샀고 무엇보다 여전히 멀쩡했다. 아무리 할인받고 사더라도 결국 소비하는 것이기 때문에 사지 않는 게 100% 절약이다.

요즘은 시스템이 워낙 좋아져서 며칠 동안 장바구니에 담아 두고 결제하지 않으면 메신저나 메일로 알림이 온다. 구매를 깜빡하지 않았느냐며 장바구니 속 물건 소식을 전해 온다. 알림만으로 부족하다 싶으면 고객님에게만 시크릿 쿠폰을 준다며 결제를 재촉한다. 처음 몇 번은 메시지와 메일을 지웠고 며칠 뒤에는 지나친 알림이 지겨워 결국 애플리케이션을 지우거나 장바구니 물건을 삭제하면서 소비의 늪에서 빠져나왔다. 이때 주의할 점은 장바구니의 물건을 다시 보면 안 된다는 것이다.

세상에는 예쁘고 유용한 물건이 정말 많다. 가벼운 마음으로 결제 버튼을 누르기 전, '지금 내 주변에 대체재는 정말 없을까?' 한 번만 생각해 보자. 다른 물건에 파묻혀 주인님을 애타게 찾는 물건에게 다시 관심을 줄 때다.

매일 앱테크를 하는 이유

재테크에 관심이 있다면 짠테크를 들어봤을 것이다. 짠테크는 '짠내'와 '재테크'의 합성어로 소득에 큰 변화가 없거나 급등한 물가에 대응하기 위해 지금 하고 있는 소비를 줄이는 재테크 방법 중 하나다. 나는 돈을 모을 때 무조건 쓰지 않는 것보다 각종 쿠폰과 포인트를 이용해 필요한 소비를 하며 실질적인 지출액을 줄이는 것을 선호한다. 짠테크로 돈을 좀 모아 본 사람들은 짠테크의 필수 요소인 '앱테크'가 어색하지 않을 것이다.

앱테크란 스마트폰 애플리케이션으로 하는 재테크를 말한다. 대부분의 애플리케이션은 해당 업체에서 활용할 수 있는 쿠폰이나 포인트를 제공한다. 이벤트에 따라 100% 당첨 또는 추첨으로 쿠폰이나 포인트를 주고, 드물게 모바일 상품권 또는 선물을 받을 수도 있다. 아주 가끔 깜짝 선물을 받는 날에는 하루 종일 기분이 좋고 선물을 준 브랜드에 더 관심이 간다.

기업 입장에서는 앱테크로 고객의 체류 시간이 늘어나니 좋다. 애플리케이션에 머무는 시간이 길수록 매출 증가에도 긍정적인 영향을 주기 때문에 마케팅 방법 중 하나로 쿠폰과 포인트 적립이 쓰이기도 한다. 소비자 역시 이벤트에 참여하기 위해 애플리케이션에 접속했다가 은근슬쩍 노출되는 광고에 관심이 가고 본인도 모르게 상품을 구경하기도 한다. 10년 넘게 앱테크를 하고 있지만 체리피커(자신에게 유리한 것만 택하는 사람. 플랫폼이나 금융 상품 등에서 혜택만 챙기고 빠진다)처럼 이벤트만 참여하고 끝내는 건 어렵다. 팝업 창에 뜨는 신제품 소식을 그냥 지나치거나 할인 제품이 눈에 들어오는 걸 즉시 막기는 여전히 힘들다. 단점도 분명히 존재하지만 절약과 푼돈 모으기에 효과가 좋아 여전히 35개의 애플리케이션으로 앱테크를 하고 있다. 종류는 다양하지만 매일 참여하면 포인트를 100% 얻을 수 있는 앱테크 위주로 한다. 요행을 바라기보다 노력하는 만큼 결과가 따르는 예측 가능한 이벤트가 좋다.

처음에는 앱테크로 최대한의 수익을 얻고 싶어서 수많은 애플리케이션을 다운로드했다. 포인트가 쌓이면 물건이나 서비스를 구매할 때 소비 금액을 줄일 수 있을 거라는 막연한 기대감이 있었다. 하지만 며칠도 안 돼 장점보다 단점을 더 많이 느꼈다. 우선 너무 많은 애플리케이션을 다운로드받은 탓인지 실행에 오랜 시간이 걸렸다. 매일 울려대는 광고 알림으로 중요한 알림을 놓치기도 했다. 제품이나 서비스를 구매할 생각이 전혀 없었는데 광고에 계속 노출되다 보니 구매로 이어졌다. 앱테크로 받은 쿠폰과 포인트를 이용하면 정가보다 훨씬 저렴하게 사는 것이니 이득이라고 여겼다. 하지만 불행하게도 앱테크를 하면 할수록 줄어드는 통장 잔고가 보였다. 시간과 에너지를 소비하며 얻은 푼돈이 결국 소비 증진에 보탬이 되고 있다는 걸 깨닫고 한동안 회의감이 들어 애플리케이션을 모두 지우기도 했다.

'앱테크를 똑똑하게 하는 방법은 없을까?' 기업의 마케팅에 끌려다니기 싫었다. 50개가 넘는 애플리케이션을 지금 어떻게 활용하고 있는지 정리했다. 대체로 포인트와 쿠폰을 사용해서 실질적인 소비를 줄인 경우, 모아 둔 포인트를 현금이나 상품권으로 교환하는 경우가 있었다. 이 외에도 가계부 기록을 토대로 자주 실행하는 애플리케이션도 골라냈다. 평소에는 소비하지 않는 브랜드지만 앱테크로 받은 포인트나 쿠폰이 소멸되는 게 아까워 추가로 금액을 보태 결제한 경우도 꽤나 많았다. 사지 않으면 100% 절약인데 열심히 모은 포인트가 아깝다는 생각이 계획에 없던 소비로 이어진 셈이다.

앞선 분석을 통해 파악한 문제점을 보완해 '요나나 앱테크 시즌 2'를 시작했다. 혜택을 준다는 광고에 혹해 마구잡이로 애플리케이션을 다운로드하기보다 현재 사용하는 브랜드의 애플리케이션을 중심으로 하나씩 늘려 갔다. 특정한 화장품 브랜드를 꾸준히 애용하는 이유도 앱테크와 관련이 있다. 바로 화장품 브랜드의 포인트 소멸

주기와 나의 화장품 사용 주기가 일치한다는 것이다. 앱테크를 통해 34,000원 상당의 기초 제품을 5,000원으로 구매했다. 소멸한다는 핑계로 물건을 급하게 사지 않고 평소에 잘 사용하는 제품을 필요에 의해 저렴하게 구매하면 뿌듯하다. 이 외에도 모바일 상품권으로 교환할 수 있는 쿠폰은 친구를 만날 때 사용하거나 선물로 주는 등 아낌없이 썼다. 주변 사람들에게 기분 좋게 베풀 수 있어 앱테크를 더 열심히 한다. 만약 사용하지 않는 모바일 상품권이 있다면 중고 거래 플랫폼에 팔아 부수입을 만들 수도 있다.

소비가 아닌 자산 증식에 도움이 되는 앱테크도 적극적으로 이용한다. 보통 금융 회사 애플리케이션에서 자산 증식에 도움이 되는 이벤트를 찾을 수 있다. 적립한 1포인트를 1원으로 보는 경우인데 포인트를 현금으로 전환해서 계좌로 옮길 수 있다. 나는 포인트가 현금으로 교환 가능한 최소 단위에 이르면 바로 전환한다. 포인트에는 추가적인 이자가 붙지 않기 때문이다. 하지만 포인트를 현금으로 바꿔 계좌로 넣는 순간 말은 달라진다. 이렇게 모은 돈은 소비할 때 보태지 않기 위해 소비 통장과 따로 구분해서 보관한다. 예전에는 자유 적금 상품에 가입해 '앱테크 통장'이라는 이름을 붙여 종잣돈을 만들었다. 지금은 해당 기업이 주식 시장에 상장했으면 투자한다. 통장 이자도 나쁘지 않지만 관심 갖는 기업에 부수입으로 투자해 볼 수 있는 좋은 기회라고 생각한다. 대부분의 금융 회사 관련 주식은 배당금을 주는 빈도도 높으니 더 이상 열심히 모은 포인트를 소비하는

데에만 쓰지 말자.

　여러 방법을 소개했지만 결국 시간과 노력이 필요하다. 한정된 시간도 소중하므로 최대한 일상에 지장을 주지 않는 선에서 앱테크하는 방법을 고민했다. 보통 걷거나 화장실에 갈 때, 밥을 먹을 때와 같은 틈새 시간을 활용한다. 유튜브나 연예 및 스포츠 기사, 다른 사람의 SNS를 보며 낭비하는 시간을 앱테크를 활용하는 시간으로 바꿨고 소소하지만 돈도 벌고 있다. 애플리케이션 체류 시간이 같더라도 단지 소비하는 사람이 아니라 무엇이라도 하나 더 얻고 싶은 사람이 되고 싶었다. 핸드폰을 활용한 휴식이 필요하다면 의미 없는 SNS를 구경하는 대신 앱테크를 해 보는 건 어떨까?

 요니나 NOTE

수준별 앱테크 방법을 소개한다.

초급: 적립한 포인트를 소비에 보태기. 평소에 자주 사용하는 제품이라면 포인트와 쿠폰을 활용해 추가 할인을 받을 수 있다.

중급: 현금화가 가능한 포인트는 일주일 또는 한 달마다 앱테크 통장에 넣어 소소한 이자도 받으며 푼돈을 목돈으로 만든다.

고급: 포인트를 현금화해서 입출금이 자유로운 파킹 통장에 넣어 보관한다. 이후 관련 기업 주식 1주를 살 수 있는 금액이 만들어지면 매수한다. 성향에 따라 계속 모으거나 매도를 통해 시세차익을 얻을 수 있다. 카드 캐시백, 통장 이자도 소비 통장이 아닌 파킹 통장에 추가해도 좋다. 보통 현금화가 가능한 기업은 금융주와 연관이 있어 포인트를 현금으로 바꾼 뒤 주식으로 매수해서 보유할 경우 배당금도 추가로 받을 수 있다.(예: 신한 카드 캐시백, 신한 은행 및 카드 앱테크로 얻은 포인트 → 신한 금융 지주 매수 / KB 카드 캐시백 → KB 은행 및 카드 앱테크로 얻은 포인트 → KB 금융 매수)

2 주차

차근차근 부를 쌓는
돈버릇 실천 주간

종이책을 사는 방법

자발적 가난을 실천하면서 가장 먼저 정리한 것은 책이다. 하지만 여전히 정리해야 할 책이 많다. 늦은 나이에 책에 관심 생겨서 그런지 유난히 구매욕이 강했다. 책을 사면 지식도 자동으로 적립될 것이라는 착각과 일정 금액 이상 구매하면 받을 수 있는 예쁜 디자인 굿즈까지. 책을 사야만 하는 이유뿐이었다. 문화생활비로 책정한 돈은 통장에 숫자로 남지 않고 책장에 책으로 쌓이기 시작했다. 결제 당시 설렘은 금방 사라졌고 읽지 않은 책이 쌓이는 만큼 스트레스가 늘었다. 돈으로 스트레스를 산 느낌을 지우고 싶어 누군가에게 좋은 책일 것이라는 희망을 품고 중고 서점에 헐값으로 되팔기도 했다. 하지만 물건을 되파는 것에도 에너지와 시간이 소요되므로 이제는 충동적으로 무언가를 구매하지 않는다. 지금은 전자책 플랫폼이나 도서관을 통해서 먼저 읽어 본 후 꼭 소장하고 싶은 책만 산다.

소장해 두고 주기적으로 읽는 책들

☞ ·《부자 아빠 가난한 아빠》(로버트 기요사키)

·《원씽 THE ONE THING》(게리 켈러, 제이 파파산)

·《장사의 신》(우노 다카시)

·《부의 추월차선》(엠제이 드마코)

·《해빗 스태킹》(스티브 스콧)

·《TIME POWER 잠들어 있는 시간을 깨워라》(브라이언 트레이시)

독서가 취미이다 보니 자연스럽게 주변에 책 읽는 사람들이 모이기 시작했다. 선물을 주고받을 때도 책이 빠질 수 없었다. 온라인 서점에서 바로 상대방에게 배송할 수 있지만 손편지와 다른 선물도 함께 담고 싶어서 먼저 사무실로 주문한다. 플래너에 일정을 체크해 가며 배송에 소요되는 시간까지 계산해서 여유 있게 주문한다. 온라인 서점에 따라 배송지를 근처 편의점으로 설정하면 적립금 500원을 추가로 받을 수 있다. 앱테크로 하루에 10원씩 받는 것과 비교하면 놓칠 수 없는 혜택이다. 감사하게도 사무실 근처에 편의점 브랜드가 종류별로 있어서 배송지를 근처 편의점으로 설정해 두고 출근하는 길에 받아 오는 편이다. 너무 오랜 기간 수령하지 않으면 반품될 수 있으니 주의하자.

책도 몇 가지만 신경 쓰면 조금 더 할인 받아 구매할 수 있다. 온라인 서점 사이트나 애플리케이션에서 바로 결제하지 않고 우선 장바구니에 담아 둔다. 업체마다 간단한 이벤트에 참여하면 적립금을 1,000~2,000원 받을 수 있고 즉시 사용할 수 있으니 놓치지 말자. 교보문고, YES24는 출석 체크를 매일 하면 별도의 포인트를 얻을 수 있다. 결제에 도움이 되는 포인트, 쿠폰 등을 모두 찾았다면 해당 사이트나 애플리케이션이 아닌 OK 캐쉬백 또는 PAYCO 애플리케이션을 켠다. 둘 다 온·오프라인에서 포인트를 적립할 수 있고 적립한 포인트를 사용할 수도 있다. 애플리케이션의 '쇼핑 적립' 메뉴를 한 번 걸쳐 결제하면(이를 경유라고 부른다) 해당 애플리케이션의 포인트를 추가로 적립 받을 수 있는데 이게 꽤나 쏠쏠하다.

구분	YES24	교보문고	알라딘	인터파크 도서
OK 캐쉬백	6%	2%	3%	X
PAYCO	3.4%	1.1%	X	3.4%

적립 가능한 브랜드 및 적립률은 주기적으로 변경된다. 이 외에도 종합몰, 가전, 패션 등 다양한 분야에서도 적립 받을 수 있다. 단, 쇼핑몰에 따라 지금처럼 경유해서 포인트를 받을 경우 해당 쇼핑몰 할인은 제외되는 경우도 있어 어떤 방법이 더 이득인지는 계산해 봐야 한다. 서점에서는 보통 할인, 쿠폰 사용 등과 함께 포인트도 적립 받을 수 있다.

부득이하게 오프라인 서점을 이용할 경우, 교보문고에서는 위와 동일한 방법으로 결제한 후 바로드림 서비스를 이용하면 정가보다 저렴하게 책을 구매할 수 있다. 알라딘, YES24 중고 서점을 이용한다면 적립금 이벤트를 적극 활용해 보자. 중고로 책을 판매할 때 온·오프라인 서점에서만 쓸 수 있는 포인트로 정산하면 정산액의 20%를 추가로 적립 받을 수 있다.

경유해서 받은 포인트는 일정 금액이 모이면 현금으로 바꾸거나 결제할 때 보탤 수 있으니 참고하자. 보통 현금 전환이 가능한 포인트는 일주일 또는 한 달에 한 번 정산해서 '앱테크 통장'에 따로 모은다. 1년에 80만 원 정도 목돈으로 재탄생되는 그 기쁨을 함께 누려 보자.

<요니나 가계부>

대분류	소분류	브랜드 및 내역	결제 수단	금액
문화	책	알라딘, 요니나의 월급쟁이 재테크 (14,400)	카드+적립금+포인트	12,400원
추가 적립 예정: 편의점 수령(500점), OK 캐쉬백(372점), 알라딘 포인트(689점)				

검은 옷 일곱 벌로 살아 보니

20대에는 시즌별로 옷을 사는 게 큰 즐거움이었다. 백화점, 지하철역 지하상가, 고속터미널 지하상가, 온라인 쇼핑몰 등 여러 플랫폼을 매일 같이 돌아다녔다. 하지만 예쁜 옷을 발견했을 때 사고 싶은 마음과 그럴 수 없는 현실 사이에서 고민하는 일은 정신적으로 상당히 피곤했다. 이곳저곳 둘러보느라 온종일 시간을 쓰는 것도 점점 아까워졌다. 옷을 구경하는 게 재미있었지만 너무 집중한 나머지 체력이 소진되어 쇼핑 말고는 한 것도 없이 하루를 마무리한 날도 많았다.

노력 끝에 몇 벌을 구매하면 가지고 있던 옷과의 전쟁이 시작되었다. 입지 않는 옷을 정리해야 그 공간에 새로운 옷을 넣을 수 있었기 때문이다. 몇 번 안 입은 옷, 지금은 맞지 않는 옷, 유행이 지난 옷 등 버려야 하는 건 알지만 '언젠가 입지 않을까?' 막연한 기대와 희망으로 버리지 못한 옷들이 옷장에 쌓여 갔다.

'버릴까? 말까?' 고민하게 만드는 옷들도 마음을 불편하게 하지만 본질은 시간과 에너지, 돈을 써 가며 직접 구매했다는 것에서 오는 회의감이었다. 이렇게 많은 옷을 가지고 있으면서도 외출할 때마다 '오늘은 뭐 입지?' 고민하는 것도 스트레스였다. 예전에는 구매한 옷의 코디 방법을 정리한 코디 북을 만들어 소비 자체를 줄이기도 했다. 그럼에도 불구하고 이보다 더 단순한 기준으로 옷을 고르고 싶었고 더 이상 옷에 대해 시간과 돈을 쓰고 싶지 않았다.

최근 3개월 동안 입은 옷들을 정리해 보니 대부분 검은색 옷이었다. 이 옷들을 입을 때는 불편함 없이 지냈던 것 같다. 아무리 예뻐도 옷감이 까끌까끌하거나 옷 자체가 무거우면 새로 갈아입기 전까지 온통 입고 있는 옷에 신경이 쏠린다. 반면 검은 옷은 특이한 디자인이 아닌 이상 신경 쓸 이유가 없었다. 격식 있는 미팅이나 강의할 때는 단정한 검은 옷을 골랐다. 가지고 있는 소품 중에 포인트를 줄 수 있는 액세서리로 무난함과 심심함을 달랬다. 일곱 벌 정도만 있으면 부족하지 않아 보였다. 이제는 지구의 온도가 계속 올라가 365일 반팔을 입어도 충분했다. 추울 때는 검은색 옷 위에 카디건을 입거나 그 위에 패딩 점퍼를 입는다. 긴팔 상의는 가지고 있지 않다. 밝은색 옷이 필요할 때는 새로 구매하지 않고 옷장에 있는 옷으로 최대한 코디에 힘쓴다.

더도 말고 딱 1년만 검은 옷으로 살아 보기로 했다. 초반에는 만나는 사람이 눈치채거나 옷에 대해 물어볼까 봐 걱정되어서 대답도 미리 준비해 두었다. 검은 옷을 입은 지 11개월이 지난 지금까지 그런 일은 일어나지 않았다. 덕분에 자신감이 생겼고 올해 가계부에 적은 의복 소비는 1월부터 0원을 유지하고 있다. 챌린지가 한 달 뒤에 끝나지만 아직까지 매우 만족스러워서 계속 유지하는 것도 고려 중이다. 더 이상 옷에 관심을 두지 않으니 나 역시 상대방의 외적인 모습보다 상대방과의 대화나 그의 생각에 더 집중할 수 있었다.

옷을 고르고 사는 데 더 이상 시간을 쓰지 않는다. 아침에 어떤 옷을 입을지 고민하지 않는다. 이렇게 아낀 시간, 에너지, 돈을 외모를 가꾸는 데 쓰지 않고 내면을 성장시키는 곳에 투자한다. 예쁜 옷을 사면 내 가치도 올라가는 줄 알았지만 결코 그렇지 않았다. 미어터지는 옷장과 계속 늘어나는 카드 값에 스트레스만 올라갈 뿐이었다.

 요니나 NOTE

오랫동안 입을 수 있는 옷의 특징과 이를 고르는 방법을 소개한다.

- 유행을 타지 않는 무채색 계열의 옷
- 캐릭터나 화려한 무늬가 있는 옷보다 한두 개의 디자인 포인트만 있는 옷

- 목적과 용도에 따라 제한한다.(여름 신발: 비가 올 때 신는 신발, 겨울 신발: 눈이 올 때 신는 신발, 그 외 사계절 착용이 가능한 신발)
- 눈대중으로 구매하지 않고 직접 입어 보고 구매를 결정한다.
- 구매 시 환불이 가능한 기간을 확인해 자주 입지 않을 것 같다는 생각이 들면 환불한다.

고정 지출에 예민해질 필요가 있다

고정 지출과 변동 지출 중 신경 써야 할 것은 무엇일까? 정답은 '모두'다. 흔히 고정 지출은 매달 발생하는 지출이니 연체하지 않도록 결제 일을 체크하는 정도로만 관리한다. 반면 의지에 따라 지출 금액을 조절할 수 있는 변동 지출은 꼼꼼하게 관리한다. 어느 날 매달 내는 고정 지출이 부담스럽다는 생각이 들었다. 가계부를 결산할 때마다 빠져나가는 게 보이는 고정 지출을 값어치 이상으로 제대로 활용하고 싶었다.

고정 지출 항목을 꼼꼼하게 체크해 보기로 했다. 저축, 교통, 통신, 경조사, 건강 항목이 고정적으로 지출되는 것들이었다. 매달 10만 원 이상 소비하는 교통비를 그저 이동하는 수단에 대한 값으로만 소비하는지, 이동하는 동안 남는 시간을 제대로 활용하고 있는지 따져 가며 점검했다. 그저 돈만 내고 있었던 고정 지출을 이번 기회에 소비를 줄이는 방향, 지출 방법을 변경하는 방향으로 정리햇다. 불필요한 지출이 몇 달 동안 방치되고 있는 것은 아닌지 확인해 보자. 지출 비용이 큰 항목부터 작은 항목 순서로 점검하면 좋다. 이 책에서는 저축, 교통, 통신, 경조사, 건강 순으로 다뤘다.

먼저 첫 번째 고정 지출 항목인 저축을 살펴보자. 대부분 가입할 때 자동 이체를 걸어 둘 것이다. 사실 저축은 만기 때까지 추가로 할 수 있는 게 마땅치 않다. 고정 지출 통장에서 저축 통장으로 이체하는 데 문제가 없는지 확인하는 정도. 통장 쪼개기를 할 때 고정 지출 통장은 계좌를 따로 지정하지 않고 월급 통장과 같이 쓰는 경우가 흔하다. 월급 전후로 고정 지출이 모두 빠져나가면 고정 지출 통장과 월급 통장을 같이 써도 괜찮지만 저축 금액이 크거나 묵혀 있는 날이 길면 조금이라도 이자를 더 받을 수 있도록 고금리 고정 지출 통장을 추가로 개설해도 좋다.

고정 지출 통장을 따로 만들어야 하는 세 가지 이유가 있다. 첫째, 월급 통장보다 파킹 통장 금리가 조금 더 높기 때문이다. 보통 월급 통장은 수수료 면제에 초점을 맞추고 있다. 한 달에 빠져나가는 저축액이 100만 원 정도라면 고정 지출 통장을 따로 만드는 것이 좋다. 월급 통장과 비교했을 때 쌓이는 이자가 확연하게 다르기 때문이다. 둘째, 생활 소비와 저축에 대한 소비를 구분함으로써 관리에 신경을 덜 쓸 수 있다. 셋째, 타행 자동 이체 수수료 면제 혜택 있는 상품일 경우 여러 금융 회사로 이체할 때 매번 예약 이체를 걸거나 부득이한 수수료가 나갈 걱정을 할 필요가 없다.

기준 금리가 오르는 시기에는 필요에 따라 금리가 높은 저축 상품으로 갈아타며 조금이라도 이자를 더 받는 게 유리하다. 중도 해지는 번거롭긴 하지만 그 귀찮음이 훗날 든든한 이자로 돌아온다고 생각을 전환해 보자. 그렇다고 매번 금리가 바뀔 때마다 기존에 가입한 상품을 해지하면 안 된다. 해지에 앞서 만기 일자를 확인하는 게 우선이다. 1년 상품 기준으로 이미 7~80% 납입을 완료했으면 만기까지 유지하는 게 이자 측면에서 더 유리하다.

가끔 상품에 따라 만기 날 자동으로 해지되지 않고 저축으로 멈춰 있는 것도 존재한다. 이런 상품은 가입 단계에서 만기 통보를 받을 수 있도록 알림을 설정하면 좋다. 대체로 만기 한 달 전부터 알림이 오는데, 알림만으로 불안하다면 플래너에 만기일을 체크해 두길 추천한다. 만기 당일에 바로 다른 저축 상품으로 재가입하거나 파킹 통장에 옮겨 놓으면서 금리가 낮은 상태로 방치되는 걸 막는다. 예전에는 귀찮다고 미루면서 그대로 두었는데, 만기 후 이율이 급격하게 낮아지는 통장을 보며 결국 손해가 내게 온다는 사실을 깨달았다. 사소한 행동일 수 있지만 하나둘 쌓이면 이 또한 금액이 커질 수 있으므로 만기 후 자금 관리까지 신경 쓰면 더 좋다.

경과 기간	이율
만기 후 1개월 이내	기본 이율×50%
만기 후 1개월 초과 ~ 3개월 이내	기본 이율×30%
만기 후 3개월 초과	0.1%

출처: 국민은행

두 번째 고정 지출 항목인 교통비를 살펴보자. 교통비는 크게 두 가지 결제 수단을 사용한다. 지하철 정기권과 후불 교통 카드다. 각자의 상황에 따라 필요한 결제 수단이 달라질 수 있으므로 최근 한두 달 이용했던 교통수단을 정리해 보길 바란다. 그동안 기분에 따라 교통수단 이용을 달리 했다. 창밖을 보고 싶거나 걷는 게 귀찮아 환승 없이 이동하고 싶은 날에는 버스를 탔고 그렇지 않은 날에는 지하철을 탔다. 참고로 택시는 생활권 안에서는 타지 않았다. 가계부 항목에는 지각 택시, 생존 택시 두 가지 항목이 있다. 지각 택시는 말 그대로 늦장 부려서 타는 낭비 택시, 생존 택시는 지방 강연장까지 버스로 이동할 수 없을 때 타는 택시다. 보통 강연 주최 측에서 교통비를 지원해 주기에 실제 지출하는 금액은 거의 없다. 지각 택시는 10년 전 어느 날 약속에 늦어 탔지만 다시는 발생하지 않게 평소에도 신경 쓰는 항목 중 하나다.

의식의 흐름대로 교통수단을 선택하다 보니 교통비 변동 폭이 너무 컸다. 예산을 신중하게 세워도 의미가 없었다. 기분이 아닌 상황과 목적에 따라 이동 수단을 정했다. 이에 맞는 결제 수단도 세트 메뉴처럼 골랐다. 지금은 버스와 지하철 환승이 필요한 경로 또는 버스 값이 상대적으로 저렴한 지역이라면 하루에 한 번, 교통비 100원을 캐시백해 주는 후불 교통 카드를 이용한다. 그렇지 않는 날에는 지하철 정기권을 쓴다. 이렇게 정해 놓고 소비하면 한 달 교통비 예산을 9~10만 원 사이로 잡을 수 있다. 계획 없이 이용할 때와 비교하면 소비를 예측할 수 있다는 점이 좋다.

<교통카드 종류>

구분	장점	단점
지하철 정기권	· 저렴한 비용으로 지하철 이용 가능 (44회 비용으로 60회 사용 가능)	· 지하철에서만 이용 가능 · 현금으로만 충전 가능 · 얼리버드 할인이 적용되지 않음
일반 카드 (체크, 신용)	· 지하철과 버스를 환승할 때도 사용할 수 있음 · 소지하고 있는 카드에 따라 후불 교통 카드 기능을 사용할 수 있음 · 카드에 따라 교통비를 할인받을 수 있음	· 혜택을 받으려면 전월 실적을 충족해야 하는 경우도 있음 · 생각보다 할인 폭이 크지 않음
알뜰 교통 카드 (체크, 신용)	· 지하철과 버스를 환승할 때도 사용할 수 있음 · 교통 요금 지출액에 따라 포인트 적립 비율에 차이가 있음(보행, 자전거 최대 800m 이동 시, 월 44회)	· 월 15회 이상 타야 포인트 적립 가능 (기준에 충족하지 못하면 혜택 없음) · 특정 지역에서만 시범 운영 중 · 애플리케이션 자체 오류가 종종 있어 적립 여부를 주기적으로 확인해야 함 · 출발, 도착 버튼 눌러야만 적립 가능
티머니	· 핸드폰으로 태그할 수 있음 · 알뜰 교통 카드와 연계 가능 · 애플리케이션에서 출석 체크 이벤트로 쌓은 포인트를 교통비로 활용할 수 있음	· 한 달 이용 횟수가 많은 경우 다른 카드에 비해서 혜택 적음 · 핸드폰 기종에 따라 인식이 되지 않는 경우도 있음

대중교통 요금이 갈수록 비싸지면서 교통비만 신경 쓰는 것으로는 부족했다. 이동 시간을 어떻게 활용하는지도 검토했다. 자취와 자차 구매라는 방법으로 대중교통 이용을 최소화할 수 없다면 이동 시간을 최대한 활용해 보자. 몇 번의 시행착오를 거쳐 지금 가장 잘 활용하고 있는 세 가지 방법을 소개한다.

첫 번째, 아침 6시 반 전에 대중교통을 이용하면 얼리버드 요금 할인 혜택을 받을 수 있다. 그 시간에는 승객도 많지 않아 쾌적하게 출근할 수 있다. 두 번째, 앉을 수 있다면 태블릿으로 글을 쓰거나 가계부를 정리한다. 핸드폰을 하며 시간을 낭비하지 않는다. 생각이 많은 날에는 아무것도 하지 않은 채 멍 때리는 것만으로도 충분하다. 만약 눈이 감긴다면 앉은 자리를 벗어난다. 대중교통에서 쪽잠을 자면 오히려 더 피곤했다. 서 있는 게 기분 전환도 할 수 있어 훨씬 낫다. 마지막으로 자리가 있어도 서서 간다. 낮에 오랜 시간 앉아 있었다면 퇴근할 때는 서 있는다. 지하철은 도착 시간을 예측할 수 있으므로 승차할 때 타이머를 맞추고 진동 알람이 울리기 전까지 책을 읽거나 오디오북을 듣는다. 도착 알람 기능 애플리케이션도 있으니 참고하자. 지하철은 외국어를 공부하기에도 최적의 장소다. 사람이 너무 많다면 노래를 듣는 것처럼 오디오북 또는 경제 팟캐스트를 청취한다. 이동 시간을 활용하면 별도의 청취 시간을 확보하지 않아도 되므로 시간을 아낄 수 있다. 타이머를 맞출 때 주의할 점은 15분 뒤에 도착지에 다다른다면 타이머는 13분으로 1~2분 앞당겨 맞춰야 한다는 것이다. 진동 알람이 울리면 내릴 준비를 한다. 몇 번 급하게 내리다가 소지품을 놔두고 와서 교통비 그 이상의 비용을 들인 후로는 습관처럼 이렇게 알람을 맞추고 있다. 무심코 흘려보내는 이동 시간을 나를 위한 성장 시간으로 활용해 보자.

세 번째, 고정 지출 항목인 통신비를 살펴보자. 통신비는 매달 비슷한 금액으로 빠져나간다. 단순하게 생각하면 핸드폰 사용량을 늘려 요금을 알차게 쓸 수 있다. 하지만 하루 종일 핸드폰 화면을 바라보는 삶은 내가 추구하는 삶의 방향과 맞지 않았다. 이와 반대로 요금을 아낄 수 있는 방법을 찾아봤다.

먼저 핸드폰 기기를 대리점에서 통신사 약정 할부로 구매하지 않는다. '자급제폰'으로 검색해 직접 구매한다. 요즘에는 자급제폰 수요도 늘어서 통신사 로고와 애플리케이션이 없는 핸드폰을 전자기기 사듯 살 수 있다. 이 방법으로 핸드폰을 구매하면 개통 후 처음 몇 개월 동안 의무적으로 유지해야 하는 서비스로부터 자유롭다. 대리점 단말기 할부는 24개월에 걸쳐 핸드폰 기기 값을 나눠 내는 방법인데 할부 이자가 약 6%에 육박한다. 더 이상 통신사, 대리점 좋은 일은 그만하자. 이미 나간 비용은 어쩔 수 없지만 앞으로 남은 금액은 통신사에 일괄 납부가 가능하다.

자급제폰을 구매하면 즉시 선택 약정 25% 할인도 적용받을 수 있다. 가족, 인터넷, TV 결합 할인까지 포함된다면 한 달 요금은 더 저렴해진다. 통신사에 따라 앱테크나 출석 체크 이벤트에 참여해 추가로 요금 할인을 받을 수도 있다. 통신사 멤버십 할인도 꼼꼼하게 챙기자. 달마다 무료로 전자책 서비스도 구독할 수 있어 책 구매 비용도 아끼고 있다. 당연하다고 여긴 통신비를 유리하게 활용할 수 있는 방법은 다양하다. 그동안 통신사 멤버십 혜택을 제대로 활용하지 못했다면 알뜰폰으로 옮기는 것도 방법이다. 멤버십 혜택이 없는 대신 요금을 줄일 수 있다.

네 번째, 고정 지출 항목인 경조사 및 건강 비용을 살펴보자. 두 항목은 교통비나 통신비처럼 매달 고정적으로 나가지는 않지만 발생할 때 재정에 타격을 줄 수도 있다. 한 달 예산을 세워도 무방비하게 당할 수 있으니 미리 자금을 준비해 두는 것을 추천한다. 바로 목적 통장으로 말이다. 경조사와 건강 관련 소비에만 사용할 수 있도록 목적을 나눠 계좌를 관리하는 방식이다. 큰돈 나갈 때를 대비해 매달 적금처럼 납입하거나 앞에서 소개했듯이 스스로 미션을 만들어 능동적으로 돈을 모을 수도 있다. 어느 정도 돈이 모이면 미리 지출을 준비할 수 있다.

하루 세 번 경제 공부하기

투자 공부를 재미있게 하고 싶었다. 투자를 시작하기 전에는 죽어도 주식은 하지 않겠다고 말했지만 직접 해 보니 보고 들었던 투자 세계와 달랐다. 투자자가 어떻게 하느냐에 따라 분위기나 접근 방향이 달라지겠지만 저축만 했던 나에게 투자는 새로운 세계였다. 하루하루 재미있었고 흥미로웠다. 투자 방향을 일상생활에도 적용해 보고 싶었다. 매일 차트, 숫자로 판단하는 것보다 살아 있는 경제 공부와 투자에 집중하고 싶었다. 기업 주가에만 예민하게 반응하기보다 평소 연예인, 스포츠 등 가십거리로 지인들과 소통하던 주제를 투자와 연결하고 싶었다.

"이번에 A 핸드폰 수요가 예상보다 부진해서 증산 계획 철회했다던데 그래서 A 기업 주식이랑 관련 업체 주가도 하락했더라?"

"환율이 너무 올라서 해외여행 대신 환테크 비중을 늘려 볼까 생각 중이야."

"B 드라마 봤어? 재밌어서 그런지 시청률도 잘 나오고 있어! C 기업이 제작했다던데 찾아보니까 1년 전에 별로였던 D 드라마 제작사더라고. 살짝 걱정되지만 B 드라마는 벌써부터 해외 반응이 좋아. E 플랫폼 순위에도 올라왔어! 주가 보니까 이제 막 오르고 있는 것 같더라고?"

주변 사람과 만나면 하는 대화다. 소비자가 아닌 투자자 입장에서 이야기를 나눴을 뿐인데 투자가 살아 있다는 걸 느낀다. 투자가 아닌 소비만 할 때는 위와 같은 주제에서 "나 A 핸드폰으로 바꿀까봐!" "용량은 얼마 생각하고 있어? 색깔은?", "환율 너무 올라서 국내 여행으로 바꿀까 고민하고 있어", "B 드라마 재밌지! 내가 좋아하는 배우들이 나와~" 등으로 대화가 이어졌을 것이다. 생활 속에 녹아드는 경제 이야기가 훨씬 재미있다. 다채로운 아웃풋을 내려면 인풋도 중요하다. 일상생활에서 투자 기회를 찾으려면 다양한 방법으로 공부해야 한다. 평일 기준 하루에 세 번 하는 경제 공부로 인풋을 채운다.

첫 번째, 아침에 일어나 한국경제신문에서 운영하는 유튜브 채널 한국경제TV의 '한경 글로벌마켓' 콘텐츠를 본다. 전날 미국 증시를 업종, 분야, 원자재, 지수 등의 항목별로 전반적으로 요약해 준다. 미국 증시는 물론 국내 증시의 투자 분위기를 파악하기 좋은 자료다. 여전히 국내 증시는 전날 미국 증시 결과에 영향을 받고 있으므로 분위기를 미리 읽고 대응하며 시간과 감정 낭비를 줄인다. 미국 증시가 좋지 않거나 반도체나 빅테크 쪽이 많이 하락하는 날에는 국내 증시에 에너지를 쏟지 않고 일상생활의 비중을 높인다. 즉, 우선순위 처리, 글쓰기, 외국어 공부, 독서 등에 집중한다. 지수가 2~3% 이상 빠졌으면 연금 저축 계좌에 있는 ETF를 소량 분할 매수한다. 반대로 증시가 좋은 날에는 계좌를 전체적으로 둘러보며 수익이 난 것을 확인한 다음, 욕심부리지 않고 차익을 실현한다. 주식 투자는 수익률보다 실제 얻은 이익이 더 중요하기 때문이다. 주식 장이 좋지 않아도 하루에 한 번 이상은 확인하면서 분위기를 점검하는 편이다. 계좌를 너무 방치하면 회복하는 시간도 꽤 오래 걸린다는 것을 경험했기에 무작정 놓아 버리지는 않는다.

두 번째, 출근길에는 '이진우의 손에 잡히는 경제' 팟캐스트를 듣는다. 생방송은 아침 8시 반부터 20분 정도 진행되는데 1.5배속으로 듣는 것이 편해서 1시간 뒤에 올라오는 녹음본을 빠르게 정리한다. 이 팟캐스트는 그날 중요한 경제 이슈를 골라 브리핑해 준다. 증시뿐만 아니라 부동산, 정책, 복지, 해외 이슈 등 다양하게 접할 수 있다. 경제 신문을 어디서부터 어떻게 읽어야 할지 막막하다면 이 팟캐스트가 공유해 주는 정보부터 시작해도 좋다. 추가적인 내용이 필요하면 관련 기사 등을 검색해서 더 공부하는 편이다. 경제 기초 체력이 부족할 때는 경제 신문을 보는 것도 쉽지 않았다. 어렵거나 낮선 내용을 접하면 페이지를 넘기며 건너뛰었다. 하지만 팟캐스트는 페이지를 넘길 수 없으므로 노래를 듣는 것처럼 청취하게 된다. 정말 중요한 정보는 다음 회차에 업데이트된 소식을 전해 주기 때문에 끊을 수 없다.

　　세 번째, 하루의 마지막 경제 공부는 국내 증시 마감 후 정리하는 지수 리스트다. 투자에 필요한 지수를 직접 골라 흐름을 체크한다. 코스피, S&P500, 국내 금, 엔화, WTI 등의 지수 등락 폭을 기록한다. 이 중 오늘따라 유별났던 지수를 꼽아 관련된 기사를 찾고 요약하며 하루의 경제 공부를 마무리한다. 이렇게 기록하면 다음 날 투자에도 반영할 수 있어 무척 유용하다. 대표적으로 통화 지수인 달러, 엔화는 다음 날 국내 주식 장이 열리면 전날의 기록에 따라 관리하며 매매 차익을 얻고 있는데 생각보다 쏠쏠하다.

<지수 리스트>

구분	코스피	S&P500	엔화	요약
12월 19일	2,352.17 ▼0.33%	3,852.36 ▼1.11%	954.02 ▼0.55%	달러 강세가 잦아들면서 금, 은, 구리 등 귀금속에 투자 수요 몰림. 물가 진정 효과. 단 상승폭은 제한적일 수 있음
12월 20일	2,333.29 ▼0.80%	3,817.66 ▼0.90%	974.14 ▲2.11%	일본 정책 발표 직후 엔화 값 급등. 장기 금리 변동 폭을 0.25%에서 0.5% 2배 확대하며 사실상 금리 인상
12월 21일	2,328.95 ▼0.19%	3,821.62 ▲0.10%	973.66 ▼0.05%	반발 매수로 상승 출발했지만 반도체주 하락으로 개인, 외국인 매도. 반도체 수출 -24.3%로 2차 전지 등 코스피 대형주 약세

구분	코스피	S&P500	엔화	요약
12월 22일	2,356.73 ▲1.19%	3,878.44 ▲1.49%	969.36 ▼0.44%	미국 증시가 소비자 신뢰 지수 개선과 나이키, 페덱스 호실적 발표에 반등. 연말 배당을 위한 기관 투자자 프로그램 매수 유입
12월 23일	2,313.69 ▼1.83%	3,822.39 ▼1.45%	966.58 ▼0.29%	미국 증시 하락 마감. 테슬라 하루만에 8% 넘게 하락하면서 국내 2차 전지 관련주 하락. 대주주 기준 10억 원 양도세 회피

가끔 삶과 동떨어진 경제 공부 방법을 선택해 난처한 경우도 있다. '만약 경제 또는 금융을 전공 및 교양 수업으로 배웠다면 재테크에 대한 관심이 지금만 못할 것이다.'라고 농담처럼 말하기도 한다. 깨달음을 위한 공부도 중요하지만 죽을 때까지 오래 활용하려면 즉각 써먹을 수 있어야 한다. 재미까지 있으면 더 좋다. 투자로 차익을 많이 얻어야 한다는 부담감은 잠시 접어 두자. 처음에는 작게 시작해 성공하는 법을 몸으로 익힌다면 가능성은 충분하다. 우리에게는 시간이라는 자원이 복리처럼 굴러가고 있다. 이렇게 매일 경제 공부하는 것과 별개로 한 달에 한 권 이상 재테크 관련 도서를 읽고 서점에 가서 요즘 유행하는 재테크 트렌드를 확인하는 것도 좋은 방법이다.

세 가지 습관을 만들기까지 시행착오가 꽤나 많았다. 시간대도 바꿔 보고 콘텐츠도 달리하면서 배움에 대한 설렘과 기대감을 일상에서 채워 나갔다. 평생 가지고 가면 좋은 습관이니 몇 번 하다가 포기하지 말자. 결과물이 나올 때까지만 해 보자.

경제 공부에 책을 빼놓을 수 없다. 언제 읽어도 도움이 되는, 본질에 집중한 콘텐츠를 담은 책 위주로 정리했다. 경제 상황과 트렌드는 끊임없이 변하므로 다독을 통해 스스로 노하우를 만들기를 권한다.

초급: 재테크와 자기계발에 관심이 생기는 시기다. 하지만 아직 본격적인 책보다 가벼운 영상을 보는 것이 익숙한 상태다. 내용이 어렵지 않으면서 흥미와 동기 부여를 얻고 싶다.

《열두 살에 부자가 된 키라》(보도 섀퍼)

《레버리지》(롭 무어)

《원씽 THE ONE THING》(게리 켈러, 제이 파파산)

《돈 사용설명서》(비키 로빈, 조 도밍후에즈, 모니크 틸포드)

《서울 자가에 대기업 다니는 김 부장 이야기 1》(송희구)

중급: 재테크와 자기계발 분야의 책을 읽는 것에 관심이 생겼고 나만의 시스템을 만드는 데에 도움이 되는 재테크와 자기계발 콘텐츠가 필요하다.

《부자 아빠 가난한 아빠》(로버트 기요사키)

《부의 추월차선》(엠제이 드마코)

《엑시트 EXIT》(송희창(송사무장))

《나는 오늘도 경제적 자유를 꿈꾼다》(청울림(유대열))

고급: 전반적인 재테크 분야의 흐름을 파악하면서 더 깊은 지식을 얻고 싶다.

《MONEY 머니》(토니 로빈스(앤서니 라빈스))

《전설로 떠나는 월가의 영웅》(피터 린치, 존 로스차일드)

《페이크》(로버트 기요사키)

《자이언트 임팩트》(박종훈)

내가 반드시 가입하는 금융 상품

종잣돈을 모으기 위해서는 금융 상품을 적절하게 활용해야 한다. 재테크를 잘 모른다는 이유로 돼지 저금통에 넣어 둘 수는 있지만 이 방법은 이자가 발생하지 않으므로 묵혀 둘수록 손해 볼 가능성이 높다. 물가가 올라가는 금리 상승기일수록 수중에 현금을 보유하는 것은 피하는 게 좋다. 그렇다고 무턱대고 아무 상품에 가입하지 않는다. 오히려 다른 사람들이 추천하는 상품이나 금융 회사에서 마케팅을 공격적으로 하는 상품은 피하거나 일정 시간을 두고 지켜봐야 한다. 절대 급하게 가입하지 않는다. 한눈에 이해되지 않는 상품 또한 가입 대상에서 제외한다.

금융 상품 중에 나쁜 것은 없다. 다만 해당 상품이 도움 되지 않는 사람만 있을 뿐이다. 자신과 맞지 않는 상품에 가입할 경우 금전적, 정신적으로 손해를 볼 수 있다. 각자 재테크 상황에 맞는 금융 상품을 찾는 것이 어느 때보다 중요한 시점이다. 내 영혼을 갈아서 만든 소중한 돈을 알아보기 귀찮다는 이유로 방치하기에는 너무나도 아쉽다.

끊임없이 출시되는 금융 상품 중 몇몇 조건을 만족한 상품은 내 손으로 직접 가입할 정도로 매력 있다. 위에서 언급한 내용과 상반될 정도로 일단 빠르게 가입한 후 해지 또는 유지를 고민하는 상품도 존재한다. 우리는 아래와 같은 조건을 갖춘 상품을 놓치지 않아야 한다.

첫째, 정부가 혜택을 준다. 과세 혜택 또는 금액 지원 등 금융 회사에서 판매하는 일반적인 상품과 달리 국가에서 지원해 주는 것들이 있다. 둘째, 상품 가입 가능 조건이 상대적으로 까다롭다. 보통 연 소득 얼마 이하, 자산 얼마 이하 등 금액으로 자격 여부를 나눈다. 셋째, 가입할 수 있는 나이가 제한되어 있다. 만약 세 가지 조건이 포함된 상품이 출시되었고 해당 조건에 부합한다면 무조건 가입해야 한다. 이러한 상품은 은행 또는 증권사마다 가입 가능한 인원이 정해져 있어 출시 1주 차 때는 5부제를 실시하는 등 가입 인원을 조절하기도 한다.

주의할 점은 세 가지 조건이 모두 충족되어야 한다는 것이다. 나이 제한만 있는 상품, 소득 제한은 있는데 정부 지원이 없는 상품 등은 가입하기 전에 한 번 더 확인해야 한다. 조건을 통과한 상품에 대한 유지 또는 해지는 우선 가입하고 천천히 고민해도 충분하다. 보험, 투자 상품이 아니라면 중도에 해지해도 원금이 줄어들거나 사라지는 손해가 발생할 확률은 낮은 편이다.

세 가지 조건을 모두 충족한 상품으로는 대표적으로 재형저축과 청년 희망 적금이 있었다. 재형저축은 2015년 말에 판매가 중단된, 비과세 절세 혜택을 주는 최소 5년 만기 자유 적금이었다. 소득에 따라 일반형, 서민형으로 가입 기간에 차이가 있었다. 그 당시 소득이 그리 많지 않아서 서민형으로 가입할 수 있었다. 가장 오래 했던 적금이 3년이었는데 재형저축은 무려 5년을 넣어야 해서 고민했지만 기간이 지나면 가입조차 못하는 한정판 상품이었다. 그나마 다행인 것은 자유 적금 형식에 분기별 최대 납입 가능 금액이 300만 원이었다는 점이다. 유지 기간이 긴 만큼 제대로 저축할 수 있을지 확신이 서지 않았지만 비과세 혜택을 경험해 보고 싶었다. 만약 만기가 있는 투자 상품이었으면 아무리 절세 혜택을 주었더라도 손해 볼 가능성도 있어서 가입을 망설였을 것이다.

처음 몇 년은 이미 가입해 둔 적금에 돈을 넣느라 여유 자금조차 없어서 하는 둥 마는 둥 계좌만 유지했다. 만기까지 유지하면 납입 금액에 상관없이 비과세 혜택을 받을 수 있어 무리하게 할 필요가 없었다. 묵혀 뒀다가 만기 3년 전부터 3년 적금이라 생각하며 다시 관심을 가지기 시작했다. 2015년 가입했을 때부터 현재까지 금리 추이를 보면 금리가 높을 때 한도만큼 꽉 채워 넣고 금리가 낮을 때 적게 넣었어야 했다. 하지만 인생은 내 뜻대로 되지 않는다. 금리가 한창 좋을 때는 월 20만 원씩만 넣을 수밖에 없었다. 여유 자금이 생기자 금리는 낮아졌다.

그동안 소득도 늘어서 한 달에 100만 원씩 적금했지만 금리는 연 4%에서 연 2%까지 내려왔다. 얼마 뒤 만기일이 다가왔다. 해지냐 연장 유지냐 갈림길에서 고민했다. 재형저축에 집중하고 싶어 새로운 예·적금 가입을 멈췄기에 재정적인 부담감은 내려놓은 상태였다. 재형저축은 연장할 경우 최대 납입할 수 있는 기간이 10년이었다. 모아 둔 종잣돈의 목표가 아직 정해지지 않았으므로 연장 신청을 했다. 총 10년 동안 '재형저축으로 1억 만들기' 목표를 세웠다. 지금 속도라면 원금은 1억 원이 조금 넘고 비과세 혜택으로 이자만 1천만 원이 훌쩍 넘는다. 중도에 해지하고 싶을 때마다 만기 해지 예상 이자를 조회하며 마음을 다잡는다.

재형저축 이후로 위에서 설명한 세 가지 조건을 모두 충족하는 상품은 청년 희망 적금이었다. 당시 저금리 시대였기에 새로운 예·적금에 가입하기에는 금리가 좋지 않았다. 그렇다고 계속 떨어지는 주식에 투자하는 것은 확신이 들지 않았다. 그런 상황에서 정부가 혜택을 주는 적금은 대체로 굉장히 매력적인 저축 상품이었다. 적금이 출시되기 전부터 가입 대상인지 확인했다. 해당 상품을 판매하는 여러 시중 은행 중 얻을 수 있는 우대 금리가 가장 높은 곳을 조사했다. 아쉽게도 주로 거래하는 은행은 우대 금리를 얻기 위해 가입해야 하는 상품에 이미 가입되어 있어 받을 수 있는 혜택이 없었다. 평소 잘 이용하지 않는 은행이었지만 받을 수 있는 금리가 가장 높은 은행을 선택했고 5부제일 때 즉시 가입했다. 혹시 마감이 될까 봐 타이머를 맞추고 개설 페이지가 열리기를 기다렸던 기억이 떠오른다. 재형저축보다 유지 기간이 1/5 밖에 안 되는 상품이라 한 달에 넣을 수 있는 최대 금액인 50만 원을 꼬박 넣고 있다. 비록 저축 금액에 욕심을 부려 한 달 생활비가 빠듯하지만 만기 때 든든한 자금으로 돌아올 저축 금액을 생각하면서 오늘도 힘을 낸다.

 요니나 NOTE

- 협동 조합(농협, 수협, 신협, 새마을금고) 저율 과세 혜택도 1인당 3천만 원 한도는 무조건 채우자.
- 높은 금리보다 더 중요하게 봐야 하는 것은 세후 이자다. 세후 이자가 실제로 내가 받는 이자라는 걸 잊지 말자.
- 주거래 은행에 의존하지 말고 나에게 돈을 더 주는 은행을 적극적으로 이용하고 필요할 때 갈아타자.

여행 대신 환테크하기

한 살이라도 어릴 때 더 다양한 나라에 방문하고 싶었다. 부모님과 함께 사는 집은 주변에 편의 시설이 충분히 많고, 다른 지역으로 이동할 수 있는 교통이 편리해서 독립할 명분이 없었다. 3년 전에 사무실을 구하기 전까지 줄곧 내 방에서 일했으니, 집이 좋았지만 틈만 나면 어디론가 떠나고 싶었다. 대학교에 다니며 워킹 홀리데이나 어학연수를 가지는 않았다. 외국에서 혼자 살아간다는 것과 모르는 사람들과 함께하는 게 무서웠고 부담으로 다가왔다. 학교에서 일정 부분 비용을 지원해 주었지만 차라리 내 돈을 내고 짧은 여행을 다녀오는 게 편했다.

결핍으로 다가왔던 여행 욕구는 혼자 또는 친구와 조금이라도 기회가 생기면 떠나는 것으로 해소했다. 2010년 일본 도쿄를 시작으로 2019년 중국 상하이까지 10년 동안 22번의 해외여행을 다녀왔다. 만약 코로나19가 아니었다면 방문한 나라는 더 많았을 것이고

2주차

반대로 모은 돈은 지금보다 적었을 것이다.

여행 경험을 놓칠 수 없고 돈을 모으는 것도 포기할 수 없었다. 여행을 다니면서 조금이라도 예산을 아끼려고 해외에서 결제하거나 ATM기에서 인출할 때 할인 받을 수 있는 카드를 찾았다. 카드사마다 제공하는 해외 결제 이벤트에도 꼭 참여해서 자잘한 혜택도 챙겼다. 라운지 이벤트 당첨으로 출국 전에 새로운 경험을 하기도 했다. 해외에서는 카드보다 현금을 사용하는 것이 편해 환전은 꼭 한다. 환율이 좋을 때 틈틈이 환전해 두면서 여행 비용을 최대한 아꼈다. 은행 금융 상품 중에는 환전을 미리 해 뒀다가 여행 가기 전에 현금으로 바꿀 수 있는 서비스가 있다. 이 서비스가 존재하지 않았을 때는 여행을 떠나는 시기에 근접할 때 은행에서 그 당시의 환율로만 환전할 수 있었다. 지금은 해당 서비스를 제공하는 애플리케이션을 통해 은행에 직접 방문하지 않고 환율이 낮을 때마다 소액 단위로 편하게 환전할 수 있다.

환율은 24시간 끊임없이 움직인다. 매수할 가격의 기준을 정해 놓고 그 이하로 내려가면 조금씩 매수했다. 여행 갈 시기가 다가오면 환전한 돈을 현찰로 바꾸고 당분간 여행 갈 예정이 없으면 환율이 오를 때 팔아서 원화(한국 돈)로 바꾼다. 여행을 다닐 때는 환테크로 비용을 절감했고 부득이하게 여행을 갈 수 없는 상황에서는 환테크로 자산을 늘렸다.

환율 차익을 얻는 환테크는 실물 화폐가 필요 없기 때문에 부담 없이 진행할 수 있다. 은행이나 증권사에서 환전이 가능하며 금융 회사에 따라 환전할 수 있는 시간, 우대 환율, 매매 기준율 등이 조금씩 다르다. 증권사 환전은 보통 매매 기준율과 우대 환율이 은행보다 유리한 경우가 있다. 하지만 실물 화폐로 교환할 경우 추가 비용이 발생하거나 연관된 은행의 외화 통장을 만들어야 한다. 환전이 가능한 요일과 시간이 정해져 있는 곳도 있으니 상황에 따라 금융 회사를 고루 활용해 봐도 좋다. 환전한 외화를 외화 통장에 따로 옮기지 않는 이상 이자가 별도로 붙지 않는 것도 알아 두자.

3개월 전에 가입한 정기 예금 100만 원이 만기되는 날이었다. 새로운 저축 상품은 금리가 매력적이지 않아 연 2.5% 파킹 통장에 넣었다. 며칠 전만 해도 998원을 찍던 엔화는 2주일 만에 960원 이하로 떨어졌다. 심지어 아침에는 949원 정도였다. 최근 1년간 엔화의 최저 환율은 934원이었다. 손가락은 빠르게 움직였다. 아침 11시, 만기된 저축 원금 100만 원을 949.85원에 투자했다. 오후 3시, 엔화는 조금씩 오르면서 955원을 넘겼고 955.63원에 전량 매도했다. 차익금은 6,000원 정도였다. 더 오를 수도 있지만 무리하게 진행할 이유는 없었다. 3개월 정기 예금 이자가 6,959원인 것과 비교하면 꽤나 만족스러운 결과였다. 환테크는 금액도 소액으로 시도해 볼 수 있어 욕심만 부리지 않는다면 잃지 않는 투자가 가능하다.

주식 투자처럼 환율도 떨어질 때 사고 오를 때 파는 것이 중요하다. 투자의 기본 원칙, 지키기 쉬운 원칙이라고 생각할 수 있지만 예상 외로 이 원칙을 지키지 못하는 사람이 많다. 나중에는 환테크로 벌어들인 수익으로 해외여행을 가 보려고 한다. 꽤나 재미있을 듯하다.

월세 비용 아끼기

부모님과 함께 살고 있어서 고정 지출 월세는 부모님께 드리는 용돈으로 대신하고 있다. 사회초년생 때 빠르게 종잣돈을 모을 수 있는 방법 중 하나로 주거 비용의 최소화가 있다. 감사하게도 10년 넘게 혜택을 누릴 수 있었다.

언제 어디서든 일할 수 있는 것이 장점이자 단점인 프리랜서로 오래 생활하다 보니 방이 아닌 나만의 독립적인 공간에서 업무를 해야겠다는 필요성이 생겼다. 자는 곳과 일하는 곳을 구분하고 싶었다. 공간이 분리되지 않으니 24시간 내내 일하는 느낌이 들었고, 하루에 100보도 걷지 않을 정도로 움직이지 않는 날도 많았다. 온라인 강의를 진행할 때마다 가족에게 양해를 구해야 했고 강의를 진행하면서도 강아지가 짖을까 봐 조마조마했다. 이 외에도 미팅 때마다 카페에 가거나 모임 장소를 구하고 예약하는 것 등 부수적인 업무로 소중한 시간을 허비하기 싫었다. 또한 가계부, 플래너 제품이 나오면서 제품을 보관할 장소도 마땅치 않았다. 밖에 나가는 순간 모든 것이 돈이라는 것을 알기에 고민도 했지만 이번에 도전하지 않으면 또다시 엄청난 용기가 생길 때까지 실현할 수 없다는 걸 알고 있었다. 코로나19가 유행하기 한 달 전, 자취 대신 집보다 더 오래 머무는 사무실을 구해 반(半)독립 생활을 시작했다.

강남에 아직 집은 없지만 사무실이라도 구하자는 기대감을 가지고 몇 군데 알아봤다. 후기를 살펴보고 업체가 제시하는 장·단점도 비교했지만 무엇보다 그 공간에서 가장 오랜 시간을 보낼 나와 잘 맞는지가 제일 중요했다. 나는 평소 이동 거리나 날씨에 영향을 많이 받는 스타일이라 가격이 조금 더 비싸더라도 역세권 사무실에 마음이 갔다. 손품, 발품 팔아서 찾은 곳은 새로 지어 특별 할인이 적용된 공간이었다. 심지어 지하철과 건물이 바로 이어져 있어 편했다. 6개월 계약이 끝나고 몇 차례 연장을 거치며 3년 넘게 이곳을 벗어나지 않고 있다.

사무실 세입자가 준비해야 할 건 매달 발생하는 월세 비용 그 이상의 수익뿐이었다. 일반 단독 사무실보다 가격이 비싼 만큼 신경 쓸 일은 거의 없다. 업체에서 쓰레기통을 매일 비워 주고 주기적으로 사무실 및 화장실 청소, 안전 점검 등을 해 줬다. 개별 냉·난방도 가능해서 추위와 더위를 모두 타는 나에게는 최적의 장소였다. 우유와 시리얼도 제공해 주고 정수기, 커피, 차, 초콜릿 등 손님에게 제공해도 손색없을 다과까지 구비되어 있다. 다만 그만큼 없었던 고정 비용이 생겼다. 한 달 생활비의 변동 지출 총합보다 비싼 월세라 최대한 그 비용을 뽑아야 했다. 일이 많을 때는 비용 걱정이 크게 없었지만 코로나19 유행 이후로 뚝 끊긴 수입에 막막했다. 그렇다고 외부 영향으로 다시 집에 돌아가는 것은 더더욱 싫었다.

한 달 월세가 60만 원이라면 30일 기준으로 봤을 때 하루에 2만 원을 지불하는 셈이다. 교통비나 식비 등 부수적인 걸 포함하면 매일 약 5만 원을 소비하는 계산이 나온다. '매일 5만 원 이상 값어치를 하고 있는가?' 업무 특성상 사무실에서 보내는 대부분의 시간은 결과물을 만들기 위한 준비 과정으로 쓰인다. 그렇기 때문에 집에서 일할 때보다 더 치열하게 살아야 했다. 미루고 포기할수록 시간뿐만 아니라 부자가 되는 길에서 점점 멀어진다. 종종 위기의식을 느끼기 위해 평소 5만 원을 어떻게 쓰고 있는지 점검한다.

아침 11시에 출근하고 밤 9시에 퇴근한다. 식사 시간을 제하면 9시간을 사무실에 있는 것이고, 이는 시간당 약 5,560원을 소비하는 셈이다. 무형의 활동을 가격으로 책정할 수 없지만 무언가 할때마다 비용을 생각해 보는 것만으로 마인드는 충분히 달라질 수 있다. 의미 없는 웹서핑이나 유튜브 시청 등을 시간당 5,560원을 내고 해야 한다면 지금처럼 쉽게 핸드폰을 켜지 못할 것이다.

2주차

사무실 생활에서 오는 부수적인 혜택도 가능한 챙기는 편이다. 한 달에 1~2번 열리는 공유형 오피스 무료 이벤트에 최대한 참여한다. 워낙 이벤트에 참여하는 걸 좋아하는 성향이기도 하고 생각보다 참여율이 저조해 조금만 신경 써서 응모하면 당첨되기가 쉬운 편이다. 못해도 참가상으로 배달 애플리케이션에서 사용할 수 있는 1만 원 상품권, 커피 음료 쿠폰 등을 받을 수 있다. 종종 1등에도 당첨되는데 공기청정기, 만년필, 백팩 등 푸짐한 상품을 받는다. 복권은 당첨 확률이 낮아 구매하지 않지만 상대적으로 당첨 가능성이 높은 이벤트에는 아낌없이 참여하는 편이다. 오피스 라운지는 도서관처럼 꾸며져 있어 책도 마음껏 볼 수 있다. 주말에는 사람도 거의 없어서 독서하거나 글을 쓰는 시간을 따로 만들어 몰입한다. 잔잔한 음악도 나와서 카페에 온 기분을 느낄 수 있다.

공유형 오피스 멤버가 아니더라도 직장에서 누릴 수 있는 것은 최대한 누리자. 아이디어 공모전, 이벤트, 행사 등에도 적극적으로 참여하자. 대학생 때도 학과 및 학교 행사에는 가능한 꼭 참여했다. 참가 의미로 5,000원 문화상품권을 받았는데 노력에 비해 받는 혜택이 쏠쏠했던 기억이 난다. 이왕 발생하는 비용이라면 뽑아낼 건 뽑자. 관심을 보이는 것만큼 내 것이 될 가능성은 높아진다.

노후 소득 준비하기

30대가 되면서 노후에 관심이 생겼다. 20대에는 오늘만 충실히 사는 것도 벅찼다. 하루살이 인생에서 우연히 만난 자기계발이 생각보다 흥미로워서 관심이 갔다. 게임 캐릭터를 키우는 것처럼 좋은 습관을 하나씩 습득할 때마다 레벨업하는 느낌이 들었다. 평소 육성 게임을 좋아했는데, 이제는 게임 속 캐릭터가 아닌 현실의 나를 키워 보기로 했다. 가계부로 돈 관리, 플래너로 시간과 목표 관리 그리고 하루에 50페이지씩 독서하면서 그동안 알지 못한 세상을 간접적으로 경험할 수 있었다.

자기계발을 하면 할수록 건강하게 오래 살고 싶어졌다. 과거만 그리워하며 사는 게 아니라 미래를 계획해 보고 싶은 마음이 들었다. 달라질 인생에 대한 기대감도 갈수록 커졌다. 앞으로 하고 싶은 것이 많으니 불편하더라도 돈을 생각해야 했다. 풍족하지는 않더라도 기본적인 의식주를 해결하기 위해서는 무시할 수 없었다. 나이가 들면 일해서 벌 수 있는 소득이 점점 줄기에 젊을 때 모아 둔 돈으로 생활을 이어 가야 한다고 단순하게 생각했다. 이것이 노후 준비 방법의 전부라고 여겼다.

여러 매체에서는 일할 수 있을 때 더 많이 일하고 최대한 적게 쓰면서 절약해야 노후를 준비할 수 있다고 말한다. 그간 모은 돈으로 다양한 재테크를 하며 자산을 불리는 것과 여러 경험을 쌓으면서 몸값을 올리는 것이 중요하다고 한다. 그중 재테크의 기본이라고 할 수 있는 절약은 돈을 모으는 과정에서 한 번 정도 진지하게 거쳐야 하는 과정이다. 아무리 소득이 높아도 지출에 문제가 생기면 자산을 모으기가 힘들기 때문이다. 유튜브, 인스타그램 등에서 월 몇 천을 번 사람이 부럽지 않은 이유는 대부분 현재의 월 소득만 보여 주기 때문이다. 진짜 부러운 부자는 월 소득보다 순자산 자체가 많은 사람이다. 진짜 부자와 부자처럼 소비하는 것은 전혀 다르다.

주변 20~30대 자수성가 부자들은 대부분 검소하다. 누군가에게 보여 주기 위한 소비를 하지 않는다. 그들 역시 처음부터 절약이 몸에 배지 않았을 것이다. 사고 싶거나 갖고 싶은 것도 우리와 별반 다르지 않았을 것이고 목표했던 종잣돈 기준까지는 참으면서 경제적 자유를 얻는 그날만 기다렸을 것이다. 그 과정에서 소비로 얻는 즐거움보다 저축, 투자로 불어나는 자산에 더 매력을 느꼈을 것이다. 어느 정도 목돈 모으는 단계를 지나면 정말 사고 싶었던 것도 예전처럼 선불리 구매하기 어려워진다. 수중에 있는 돈 안에서 이미 충분한 소비가 가능하지만 이제는 돈이 사라지는 소비보다 자산이 늘어나는 소비로 관심사가 바뀌기 때문이다.

1억을 모으고 이런 느낌을 받았다. 1천만 원, 5천만 원 모았을 때는 수고한 나 자신에게 무언가를 선물할 기분에 신났던 기억이 있다. 지금은 다르다. 금리가 좋으면 예·적금 상품을 알아보고 주식 시장이 좋으면 투자처를 물색한다. 이런 건 누군가가 알려 줘도 직접 느끼지 못하면 받아들일 수 없다. 단, 하루라도 빨리 깨달으면 누구라도 부의 추월차선을 탈 수 있다.

시간이 지나면 지날수록 절약이 마음처럼 쉽지 않다. 그동안 소비해 온 습관이 굳건하게 자리 잡고 있고 나갈 돈은 지금보다 더 잦은 빈도로 끊임없이 발생한다. 20대 때 경조사, 건강에 드는 비용이 이렇게 커지리라 예상하지 못했다. 그렇기에 절약은 하루라도 젊었을 때 시작해야 한다. 누군가는 이렇게 말한다. "젊을 때만 누릴 수 있는 특권을 놓칠 수 없어요." 모든 걸 다 가질 수 없으니 하나를 선택해야 한다. 젊을 때 돈이 없는 것보다 나이 들어서 돈을 걱정하는 두려움이 더 컸다. 목표가 명확하니 지금 더 악착같이 살아도 괜찮았고 오히려 더 당당하게 살 수 있었다. 특권을 누릴 때 무조건 돈이 필요한 것은 아니다. 오히려 돈이 전부가 아니라는 걸 일찍 알면 지금보다 시야가 넓어질 것이다.

현재의 즐거움과 미래의 두려움 중 후자를 선택했고 30대 첫 생일 때 노후 자금을 모으는 준비를 시작했다. 대표적인 노후 준비 상품으로는 국민연금, 연금 저축 펀드, IRP(퇴직 연금) 등이 있다. 3개 상품 모두 지금이 아닌 노후에 연금을 받을 수 있는 상품이다. 국민연금은 적금처럼 매달 입금하면 연금과 기금으로 알아서 투자된다. 지급 연령에 도달하면 국가에서 일정 금액을 매달 용돈처럼 지급해 준다. 연금 저축 펀드 또는 IRP(퇴직 연금)은 금융 회사 상품에 직접 또는 간접 투자하는 것으로 본인이 직접 구성하거나 전문가에게 맡겨 포트폴리오를 구성해야 한다. 이 둘의 공통점은 그저 돈을 내는 것뿐이었다. 지금 당장 쓸 수 있는 금액을 줄여 노후 자금을 마련하는 방법으로, 향후 중요한 소득 중 하나가 될 것이다.

몇 년 간 자본 소득, 노후 소득 등만 바라보다 젊을 때 파이프라인을 다양하게 만들어 지속적으로 발생하는 수입을 만들면 노후가 마냥 두렵지 않겠다는 생각이 스쳤다. 즉, 노후에도 지속적으로 일할 수 있거나 돈을 벌 수 있는 시스템을 구축하면서 수익을 창출하는 것이다. 더 이상 어색하게 들리지 않는 부수입 활동이 훗날 든든한 주된 소득으로 자리 잡을 것이다. 블로그 또는 유튜브 광고 수익, 책 출간, 온라인 마켓 운영, 강의 및 컨설팅 등 오히려 시간이라는 연료를 넣어야 효과가 나타나는 소재로 노후에도 끊임없이 소득을 만드는 방법이다. 10년 전에 쓴 블로그 글이 지금도 꾸준히 수익을 안겨 주는 걸 보면 이상적인 이야기만은 아니라는 걸 알 수 있다.

동네 문화센터에서 서예와 중국어를 1년 정도 배운 적이 있다. 이때 강사의 연령대가 높아서 놀랐다. 하지만 놀람도 잠시 끊임없이 공부하면서 지식과 지혜를 나누고 수입을 창출하는 것이 멋있게 느껴졌다. 노후 자금에만 의존할 것이 아니라 나이가 들어서도 가치를 전달하며 노후 소득의 다각화를 실현하기 위해 지금부터라도 노력해야겠다고 다짐했다.

요니나 NOTE

- 블로그, 유튜브 등 무료 플랫폼을 이용해 잘할 수 있는 주제를 찾아보자. 시도하는 사람이 많은 만큼 포기하는 숫자도 비슷해 둘 다 여전히 블루오션이다. 글 쓰는 게 편하다면 블로그, 말하는 게 좋다면 유튜브로 시작하자.

- 노후 소득을 위한 장기 프로젝트이므로 단기간에 성과가 나오지 않는다고 포기하지 말자. 나 역시 재테크 콘셉트를 찾기 위해 3년 동안 다양한 콘텐츠를 블로그에 무수히 올렸다.

- 초보가 왕초보에게 알려 준다는 마음으로 시작하자. 고급반보다 초급반 수요가 더 많다는 걸 잊지 말자.

3주차

재테크 안목을 키우는
돈버릇 재정비 주간

해야 할 핑계 찾기

의지 하나만으로 무언가를 묵묵히 수행하기에는 수많은 장애물이 존재한다. 오늘부터 야외 달리기를 하겠다고 다짐해도 갑자기 날씨가 좋지 않아서 포기해야 할 수도 있다. 홈 트레이닝으로 근력 운동을 하겠다며 영상을 재생하는 순간 덤벨, 매트, 힙 밴드 등의 준비물이 필요하다. 채널을 돌리면서 운동을 고르다 30분이라는 소중한 시간을 날리기도 한다. 무지출 계획을 세우지만 갑자기 사야 할 것들이 생긴다. 평소 할당량을 생각하지 못한 채 첫날부터 무리하다 금방 질려 손을 놓아 버리기도 한다.

의지가 성공의 열쇠를 쥐고 있을 것이라 여긴 때가 있었다. 꾸준하게 이어 가지 못한 채 매번 포기하는 이유를 오롯이 나약한 내 잘못이라고만 생각했다. 몇 번 실패를 반복하다 보니 자신감도 떨어지고 무엇보다 이 정도밖에 안 되는 스스로에게 실망을 많이 했다. 고난과 역경을 극복해 성공하는 사람들은 내가 가지지 못한 특별한 재능이 있다고 굳게 믿었다.

그 믿음은 스스로를 경영하는 것을 도와주는 자기계발 모임에 참여하면서 와장창 깨졌다. 모임의 커리큘럼 중 3일간 특정한 장소에 도착해서 아침 9시까지 각자 가지고 온 책을 읽는 시간이 있었다. '오늘부터 책 읽을 거야!' 다짐으로 끝내지 않고 그 장소, 그 시간에 책을 보기 위해 모였다. 책이 아닌 다른 것은 펼칠 수 없는 분위기였다. 플래너를 쓰는 시간도 아침, 점심, 저녁 하루 세 번, 10분 동안 주어졌다. 이렇게 하니 단순히 '플래너 쓰기'라고 목표를 정했을 때보다 최소 세 번은 꺼내서 확인할 수 있었다. 가계부를 맨 처음 쓸 때 미리 설정한 알람이 울리면 그 즉시 쓰도록 습관을 들였다. 플래너를 쓰는 원리도 이와 비슷했다. 플래너를 쓸 때 주의할 점은 딱 10분만 쓰는 것이었다. 마감 시간을 정하지 않으면 나도 모르는 사이에 신경을 다른 곳에 빼앗길 수 있기 때문이다.

좋은 습관을 만들기 위한 시스템을 설정하면 단순히 의지만 있을 때보다 훨씬 더 오래 유지할 수 있다. 특별한 재능도 필요하지 않다. 환경, 장소, 시간, 행동 네 가지를 통해 의심하지 않고 실천하면 된다. 이 시스템을 단어의 앞 글자만 따서 '환장시행'이라 부르고 있다.

생활 습관 환장시행

목표 1: 가계부 쓰기

- 환경: 씻고 나와서 장작 타는 소리 틀어 놓기
- 장소: 내 방
- 시간: 밤 10시
- 행동: 영수증을 챙긴 다음 가계부를 펼친다
- 실천 한 문장: 밤 10시, 씻은 후 내 방에서 장작 타는 소리를 틀고 영수증을 챙겨서 가계부를 펼친다

목표 2: 계단 오르기

- 환경: 좋아하는 음악 듣기
- 장소: 지하철 계단
- 시간: 출근길
- 행동: 스마트 워치의 계단 오르기 아이콘을 누르고 걷는다
- 실천 한 문장: 출근길, 좋아하는 음악을 들으면서 스마트 워치의 계단 오르기 아이콘을 누르고 지하철 계단을 걷는다

여전히 행동하기 망설여진다면 하지 않을 핑계가 아닌 해야할 핑계만 생각할 수 있도록 환장시행 시스템을 단순화하는 게 중요하다. 마음 한 곳에서 '할까? 말까?' 내적 갈등이 생기면 더 간단하게 수정하자.

아무리 좋은 방법이 있어도 혼자서는 하지 않을 이유부터 찾기 쉽다. 의지가 약하면 환장시행을 같이 할 사람을 구해 할 수밖에 없는 환경을 만드는 것도 한 가지 팁이다. 각자 목표를 위해 행동하지만 함께한다는 이유 하나로 감시자 역할도 자동 부여된다. 누군가 지켜보는데 아무것도 하지 않는 것에는 더 큰 용기가 필요하기 때문이다. 성향에 따라 이런 분위기를 부담스러워하는 경우도 있지만 챌린지, 프로젝트에 특화된 사람이라면 적극적으로 활용하면 좋다.

많은 목표가 몸을 움직였을 때 비로소 이루어졌다. 평소 "의지력이 강하네요!"라는 말을 자주 듣는다. 스스로 끈기가 없고 의지가 굉장히 약하다는 걸 알기에 환장시행 시스템과 같이 하는 사람의 힘을 믿는 편이다. 많은 사람과 함께할 필요는 없다. 뜻이 맞는 한 사람만 있어도 충분하다. 다만 친한 지인들로만 구성한 모임보다 사적으로 알지 못하지만 목표가 비슷한 사람들이 모인 커뮤니티에 참여하는 걸 추천한다. 아는 사람으로만 구성된 모임은 원하는 방향대로 몇 번 운영할 수는 있지만 처음부터 분위기가 화기애애한 것이 단점으로 작용할 수 있다. 서로를 잘 알기에 오히려 강력한 동기 부여가 없으면 한두 번 풀어지고 친목 모임으로 변질될 가능성이 크다. 모임을 오래 유지하려면 적당한 긴장감이 필수다.

이루고 싶은 목표 또는 만들고 싶은 좋은 습관을 정해 한 달 단위로 '계획(목표) – 행동(실천) – 결과(피드포워드)'의 단계를 거치면서 성장하는 액션 플랜 모임을 운영 중이다. 여러 명의 구성원과 함께 시너지를 얻으며 목표 달성에 다가가고 있다.

자기계발 분야는 시간을 투자해도 당장 수익으로 연결되지 않는 경우도 많다. 쏟은 시간에 비례해서 결과물이 나오는 경우도 드물다. 더 많은 시간, 더 많은 에너지 연료를 태워야 한다. 이런저런 시도를 끝까지 유지해 성공으로 만드는 사람은 소수에 불과하다. 그럼에도 포기하지 않고 좋은 습관을 하나둘 만들어 나만의 임계점을 넘어 보자. 좋은 습관이 가져다주는 파급력은 엄청날 것이다. 여전히 습관 만들기에 실패하는 이유를 온전히 내 의지에서만 찾는다면 할 수밖에 없는 핑계로 환장시행 시스템을 설정해 보자.

≡ 요나나 NOTE

- 피드백은 돌아보는 것에 집중한다. 과거의 기록을 돌아보며 감정 위주로 스스로의 행동을 평가한다. 피드포워드는 피드백에서 나온 결과를 바탕으로 앞으로의 목표를 상기하고 이를 이루기 위한 구체적인 행동을 계획하는 것까지 다룬다.

- 피드백과 피드포워드의 예
  - 피드백: 이번 달에는 운동을 15회 다녀왔다. 20회가 목표였는데 아쉽다.

- 피드포워드: 이번 달에는 운동을 15회 다녀왔다. 20회가 목표였는데 5회가 부족했다. 갑자기 늘어난 업무량에 바빠졌고 그 결과 운동을 소홀히 하게 된 것이다. 다음 달에는 운동할 수 있는 시간을 적극적으로 활용할 것이다. 나는 월초에 의지가 강한 타입이니 다음 주 아침 시간으로 운동을 예약해 두었다.

그만큼 뽑아낼 수 있는가

자발적 가난을 실천하다 보면 자기계발에 대한 투자를 어느 선까지 허용해야 하는지 고민하는 시간이 찾아온다. 대학생 시절 악착같이 1천만 원을 모을 때는 소비 자체를 줄였다. 재테크 방법으로 절약과 저축밖에 몰랐기 때문에 어떻게 보면 당연한 과정이었다. 1천만 원 달성까지 약 4년 정도 걸렸는데 다시 그때로 돌아가서 이 방법으로 돈을 모아야 한다면 며칠 만에 그만뒀을 것이다. 통장 잔고는 불어나는데 삶의 질이 떨어지는 느낌을 두 번 다시 경험하고 싶지 않기 때문이다.

특히 지속적으로 지출이 발생하는 교육 카테고리는 아픈 손가락이었다. 학창 시절에는 부모님이 교육비를 지원해 줬지만 성인이 된 이후 듣고 싶은 교육만큼은 직접 해결하고 싶었다. 사실 부모님이 교육비를 지원해 주는 동안에는 내 통장에서 돈이 나가는 것이 아니었기 때문에 수업 시간에 딴짓을 하거나, 자체 휴강도 쉽게 했다. 죄

책감도 들었지만 일시적일 뿐이었고 나쁜 습관은 계속 반복되었다. 이제는 상황이 달라졌으니 배우는 것에도 신중했다. 하지만 스스로의 과거 행적을 잘 알아서 그랬는지 자기계발에 관심이 생긴 초반에는 교육 투자에 굉장히 보수적이었다. '어차피 교육은 자기만족을 위한 것 아닌가?' 의구심도 들었다. 교육 하나 듣는다고 지금 당장 변하는 것이 아니니 더 고민되었다. 물론 이런 생각이 시간 낭비라는 것은 이제 안다.

하루는 우연히 알게 된 재테크 무료 강의를 듣는데 너무 지루했다. 평소였다면 중간에 나가거나 딴짓을 했을 것이다. 이도 아니라면 나도 모르는 사이 꾸벅 졸고 있었겠지. 하지만 그날은 강의가 지루한 이유를 정리하고 싶었다. 비용은 들지 않았지만 시간과 에너지 소모가 있었으니 뭐라도 얻어야만 했다. 또한 당시 재테크 강의를 준비하던 때라 이번 기회를 통해 오히려 반면교사 삼으면 좋겠다고 느꼈다. 재테크 정보를 얻는 건 실패했지만 강의법을 배운 알찬 시간이 되었다.

강의하며 주의해야 할 것

- 자기소개 너무 길게 하지 않기: 청중은 강사 자랑보다 정보를 듣고 싶어 한다.
- 가독성 좋은 폰트 쓰기: 궁서체, 눈 아픈 색깔은 화면에 넣지 않는다.

- PPT에 너무 많은 내용 담지 않기: 이미지의 시각화, 내용은 말로 풀어낸다.
- 청중 보고 이야기하기: 화면만 보면 아마추어 느낌을 풍길 수 있다.
- 정해진 강의 시간 초과하지 않기: 시간 약속은 기본 중의 기본이다.

이날 정리한 내용을 강의할 때 적용했고 꽤 성공적이었다. 아마 이 강의를 듣기 전에 미리 강사, 강의 후기를 꼼꼼하게 찾아봤으면 아예 선택하지 않았을 것이다. 무료라고 해서 참여했지만 사실 시간 낭비였다. 이 경험을 통해 좋은 강의를 고르는 기준을 정했다. 하지만 기준을 통과한 강의가 만족스럽지 않을 때는 꽤나 난감하다. 열심히 듣기 위해 한가운데 또는 맨 앞에 앉아 중간에 나가는 것도 어렵다면 포기하지 않고 하나라도 얻겠다는 심정으로 강의를 듣는다. 생각만 조금 비틀었을 뿐인데 지루할 틈이 없다. 강의가 별로여도 배울 것이 무궁무진하다.

어떤 마음가짐으로 강의에 참여하고 접근하느냐에 따라 강의에서 얻을 수 있는 것이 천차만별이다. 이런 경험이 쌓이면서 물건이나 서비스 또는 교육 등을 결제하기 전에 1순위로 고려하는 것이 생겼으니, 그것은 가격 그 이상으로 뽑아낼 수 있는지 여부다. 가끔 강의료가 비싸다는 이유로 수강할지 말지 고민한다. 강의를 그저 소비재로만 바라봤기 때문에 선택에 확신이 없을 가능성이 높다. 이런 상황일 때는 강의료 그 이상을 어떻게 뽑을지 나만의 커리큘럼을 세워

3주차

본다. 한 가지 이상 적용해서 실천하는 걸 필수로 넣기만 해도 참여에 대한 의지가 달라진다.

예를 들어 블로그 강의를 듣는다고 하면, 이 수업에서 얻은 정보를 자신이 운영하는 블로그에 한 가지 이상 적용하는 식이다. 강의를 듣기 전에는 게시글의 분량보다 발행하는 글 개수에 집중했다. 블로그 강의를 통해 게시글 하나당 최소한 1천 자를 쓰는 것이 블로그 지수에 좋다는 정보를 얻게 되었다. 매일 글 한 편을 쓰더라도 글자 수에 신경을 쓰니 실제로 효과가 좋았다. 그날 이후 블로그 광고 수입으로 한 달 안에 강의료를 뽑을 수 있었다. 그 외 내용은 이미 알고 있는 기초 정보였지만 그 중 한 가지를 적용한 것만으로도 큰 도움을 받았다.

지금은 강의를 신청하기 전에 커리큘럼과 강사 정보를 최대한 찾아본다. 결제할 때 단순히 강의 비용만 생각하는 게 아니라 참여하기까지 시간과 에너지도 추가 발생 항목에 넣는다. 강의 시작 20분 전에 도착해 자리를 정돈하고, 화장실에 다녀오고, 물을 챙기고, 핸드폰을 꺼서 적극적으로 수강할 준비를 한다. 예전에는 출석에만 의의를 뒀다면 지금은 그렇지 않다.

지인이 영화를 보러 갔는데 기대했던 것과 너무 달라서 보다가 중간에 나왔다고 이야기한 적이 있다. 티켓 값이 아까우니 다 보는 게 낫지 않았겠느냐고 물어보니 그 비용보다 남은 시간이 더 소중했다는 대답이 돌아왔다. 그때는 시간보다 돈이 더 소중했기에 이해가 잘 되지 않았지만 이제는 그 뜻을 조금은 알 것 같다. 돈과 시간을 모두 잡기 위해 사전 준비를 철저히 하는 게 중요하다.

만약 강의 진행자가 책을 출간한 작가라면 출간 도서를 미리 읽어 보고 질문 리스트를 정리한다. 유튜브, 블로그 등에서 활동한다면 여러 콘텐츠로 접하면서 어떻게 강의를 들으면 좋을지 구상해 본다. 사전 설문지를 제출해야 하거나 준비할 것이 있으면 빠지지 않고 챙긴다. 준비만 미리 했을 뿐인데 당일 지각할 일은 줄어들고 꾸벅 졸거나 핸드폰에 시선을 빼앗기지 않는다. 온라인으로 진행하는 강의, 모임, 프로젝트도 동일하다. 5년 넘게 운영하고 있는 자기계발 프로젝트 첫날에 이번 달 이루고 싶은 목표를 공유하는 이유도 같은 연장선 상의 일이다. 그냥 참여하기보다 목적을 가지고 참여하면 마음가짐이 달라지기 때문이다.

최근 한 달 과정으로 태블릿을 활용해 나만의 굿즈를 만드는 수업에 참여했다. 수업을 소개하는 글에는 이 수업을 통해 엽서, 스티커, 노트, 메모지, 마스킹 테이프 등 각종 굿즈를 만들 수 있다고 쓰여 있었다. 강의료가 살짝 부담스러웠지만 그 이상을 뽑아낼 수 있다는 자기 암시를 걸었다. 평소 다른 강의를 듣기 전에 준비하는 것처럼만 하면 된다고 생각하니 자신감이 생겼다. 개강을 일주일 앞둔

날, 수업을 통해 얻고 싶은 목표를 그려 봤다. '플래너와 함께 쓸 굿즈를 제작하고 주문까지 완료하는 것' 이루고자 하는 목표가 명확해지자 보다 열심히 참여하게 되었다. 가장 먼저 과제를 제출했고 피드백을 받으면 미루지 않고 수정해서 결과물을 만들어 갔다.

　문구류 제작 업체에 직접 연락하면서 시행착오도 겪었다. 머리로만 생각하는 것과 행동을 통해 나오는 결과물은 전혀 달랐다. 단순히 무언가를 배웠다는 자기만족에서 끝낼 것인가, 다른 누군가에게 도움을 줄 수 있는 것으로 확장할 것인가는 본인 선택에 달려 있다는 걸 명심하자. 한 달간 적극적으로 참여한 덕분에 수업 내용 외에도 많은 걸 배울 수 있었다. 실제로 굿즈도 만들어 플래너와 함께 판매하고 있다. 많은 사람의 목표 달성에 도움을 줄 수 있어 기쁘다.

　보이지 않는 콘텐츠뿐만 아니라 물건을 구매할 때도 비슷한 방법을 적용해 가격 그 이상을 뽑아내려고 한다. 어느 날 가계부 수강생이 "태블릿에서 쓸 수 있는 가계부 양식도 만들어 주세요."라고 제안했다. 2020년 1월, 처음 그 이야기를 들었을 때 태블릿은 유튜브, 넷플릭스 등을 핸드폰 화면보다 크게 볼 수 있는 기기, 노트북이나 컴퓨터보다 이동이 편리한 기기라고만 생각했다. 알고 보니 태블릿 디지털 상품 시장은 점점 성장하는 단계였다. 평소 손재주가 없다는 이야기를 들어 온 터라 양식 디자인은 업체에 맡겨야 한다고 스스로의 한계를 정한 상태였다. 새로운 도전을 위해 공부해야 하는 것도 구매를 망설이게 되는 이유 중 하나였다. '디자인 감각이 없는데 과연 배운다고 달라질까? 괜히 시간 낭비, 돈 낭비하는 거 아냐? 그 시간에 다른 걸 하면?' 부정적 생각이 덮친 건 순식간에 일어난 일이었다. 심지어 태블릿도 가볍게 살 수 있는 가격대가 아니었다. '진짜 내가 잘 사용할 수 있을까?'를 끊임없이 질문하고 고민했다. 그럼에도 실패하더라도 직접 부딪혀 보는 게 나았다. 진짜 아닌 것 같으면 태블릿을 중고로 판매하는 대비책도 세웠다. 고민 끝에 산 태블릿은 지금도 잘 사용하고 있는 보물 중 하나다.

태블릿의 부속품까지 고려해 4개월간 30만 원씩 모았고 쿠폰과 포인트를 이용해서 판매가보다 조금 저렴하게 살 수 있었다. 몇 달에 걸쳐 돈을 모으고 산 제품 대부분은 후회보다 만족감이 더 높다. 그 기간 동안 진짜 필요한지 생각할 수 있기 때문이다. 구매하기 전에 나와의 약속을 하나 했다. 태블릿 활용의 목적을 생산성에 두었기 때문에 유튜브나 넷플릭스처럼 시간을 소비하는 애플리케이션을 다운로드하지 않는 것이었다.

가계부 양식을 만드는 애플리케이션은 주변에서 흔히 쓰지 않아 맨땅에 헤딩하듯 시간과 영혼을 갈아 넣으면서 익혀 나갔다. 당시 태블릿으로 성취하고 싶었던 목표는 5개월 안으로 디지털 가계부 파일 판매 수익금이 태블릿 값을 넘기는 것이었다. 실패를 계속 반복하다 3개월 만에 파일 제작을 마쳤고 한 달 뒤, 태블릿 비용을 모두 회

수했다. 지금은 10월 대체 공휴일마다 양식을 업데이트하며 출시하고 있다.

처음부터 태블릿 용도를 생산성으로 정해 놓으니 결이 다른 용도로 사용하지 않았다. 디지털 파일 다음으로 큰 수익을 창출한 것은 그리기 애플리케이션을 이용해 만든 스티커였다. 학창 시절 막연하게 재능이 없다고만 생각한 그림에 취미도 생기고 부수입까지 생겼다. 더 이상 그린다는 행동에 주눅 들지 않는다. 무언가 구매하기 전 그 가격만큼 또는 그 이상 뽑아낼 수 있는지 생각해 보자. 우려와 달리 새로운 재능을 발견하고 할 수 있는 것이 많아진다. 더 이상 소비재로만 활용하지 말자.

≡ 요니나 NOTE

SNS를 통해 본받고 싶은 사람의 일상을 쉽게 볼 수 있다. 여기서 주의할 점은 소비를 촉구하거나 지금 나의 생활과 비교하게 만드는 콘텐츠 대신 성장을 도와주는 계정에 초점을 맞춰야 한다는 것이다. 자기계발, 재테크, 시간 관리 등 성장하고 싶은 분야가 비슷한 사람의 계정을 구독한다. 열심히 사는 모습만 봐도 자연스레 동기 부여가 되어 자극제로 활용하는 편이다.

예전부터 구독 중인 한 직장인 블로거가 2년 전에 천만 원을 주고 구매한 중고차를 최근에 팔았다는 소식을 전했다. 운전이 꼭 필요한 일을 했고, 운전을 재미있어하는 사람이었다. 그랬던 그가 자가용 대신 대중교통을 택한 이유는 1년에 70권 책 읽기 목표를 달성하기 위해서였다. 운전하면서 도저히 책 읽을 시간이 없었고, 퇴근하면 피곤하다는 이유로 매번 실패와 타협하는 본인을 바꾸고 싶은 간절함이 그를 움직이게 한 것이다. 출퇴근길에 핸드폰이 아닌 책을 꺼내 읽기 시작하면서 목표에 다가가고 있다며 운전을 포기한 것은 잘한 선택이라고 덧붙였다. 또한 운동할 시간도 부족해 대중교통을 이용할 때마다 계단만 보면 무조건 걸어 올라간다고 했다. 스스로를 이겨 내기에는 나약한 존재라는 걸 알기에 그 대신 본인이 속한 환경을 바꾼 것이다. 후기를 읽기만 했는데 '나도 할 수 있겠는데?' 잠잠했던 의욕이 불타올랐다.

당장 실천했다. 다음 날 아침 출근길에 핸드폰이 아닌 E-BOOK 기기를 꺼내 사무실에 도착할 때까지 독서했고 퇴근길에는 이 글을 수정했다. 편하다는 이유로 은근슬쩍 다시 이용하던 에스컬레이터 대신 계단을 선택했다. 열심히 사는 사람의 글과 영상을 보고 대리 만족으로 끝내는 게 아니라 최대한 빠르게 행동으로 옮기면서 내 생활에도 활기를 불어 넣는다.

양질의 강의 플랫폼이 끊임없이 늘어나는 추세다. 다만 비용에 대한 부담이 있거나 본격적으로 시작할 마음의 준비가 필요하다면 SNS

를 적절하게 활용해 보자. 의미 없이 스크롤만 내리거나 쉴 새 없이 새로 고침 버튼을 누르는 SNS 사용은 권장하지 않는다.

온라인 세상은 스스로에게 주도권이 있다. 지금 당장 SNS 계정에 들어가 보자. 가장 먼저 뜨는 콘텐츠가 최근의 관심사라는 걸 알 수 있다. 플랫폼 알고리즘이 사용자가 현재 좋아하고 자주 보는 관심사를 분석해 집중적으로 띄워 주는 것이다. 이를 반대로 활용하면 내게 필요한 콘텐츠를 확보할 수 있다는 말이 된다. 자주 보는 온라인 메인 화면을 주도적으로 변경하는 것이다. 계정을 여러 개로 구분 지어 관리할 수 있지만 의지가 약하다면 하나의 계정에 집중해서 바꾸는 방법을 추천한다.

매일 새벽 운동하는 이유

30대가 넘어가면 체력을 필수로 관리해야 한다는 이야기를 지나가 듯 들은 적이 있다. 밤을 새워도 다음 날 멀쩡했기 때문에 체력 하나 는 끝내준다고 생각했다. 어렸을 때부터 운동 신경이 좋았다는 자신 감도 한몫해서 체력 관리를 대수롭지 않게 여겼다. 평소처럼 식사하 고 움직였지만 서른에 가까워질수록 몸이 예전 같지 않았다.

물만 마셔도 살이 찌는 것처럼 느껴졌다. 무의식적으로 취하 는 잘못된 자세로 몸 일부분이 불편함을 호소했다. 환절기마다 감기 를 달고 살았고 무언가를 하려고 하면 얼마 지나지 않아 금방 피곤 해졌다. 몸이 좋지 않으면 그때만 반짝 관리하고 괜찮아지면 다시 평 소 생활 습관으로 돌아갔다. 환절기 가계부 건강 카테고리에는 늘 병 원, 약 등의 소비가 있었고 이를 당연하게 여겼다.

이번 기회에 다이어트보다 체력 증진에 초점을 맞춰 운동을

3주차

생활 습관으로 만들기로 했다. 그동안 다양한 운동에 도전했었다. 블로그 체험단을 통해 헬스나 필라테스 등을 추가 금액 지불 없이 배울 수 있었다. 운동 역시 각자 성향에 따라 맞는 게 있다. 다른 운동에 비해 활동적인 헬스가 내 몸에 더 많은 도움이 되었다.

코로나19가 유행하기 전에는 저녁마다 어머니와 함께 동네 공원에서 진행되는 에어로빅 무료 수업에 한 시간씩 참여했다. 하지만 서울에 사무실이 생기고 난 이후 저녁 운동을 위해 시간을 내기가 힘들었다. 피곤하다는 이유로 자꾸 운동을 미뤘고 다음 날에는 어김없이 죄책감이 들었다. 이렇게 몇 번 반복하면 결국 운동하지 않는 게 당연한 일상이 된다.

스스로 통제할 수 있으면서 누군가에게 방해받지 않는 시간은 새벽뿐이었다. 새벽 운동 1시간(6~7시)을 타임라인에 고정하면서 실천 빈도가 올라갔다. 새벽 운동을 위해 30분 일찍 일어났고 이른 기상을 위해 30분 일찍 잤다. 상황에 따라 헬스장에 가거나 여건이 되지 않을 때는 홈트를 진행했다. 운동을 하면 1,500~2,000보 정도 달성할 수 있는데 이런 날은 만보 미션 달성이 어렵지 않다. 가끔 운동하기 싫은 날에는 운동 후 개운함과 뿌듯함을 생각한다. 막상 하면 잘하는데 시작하기 전까지 그 길이 굉장히 멀게만 느껴질 때도 있다. 그럴 때는 다른 생각을 하지 않고 운동복을 입거나 영상을 틀어 놓는다. 아니면 헬스장을 가기도 한다. 마음의 결정은 운동복을 입은 상태, 영상이 나오고 있는 상태, 헬스장에 가는 동안 선택한다. 준비한 게 아까워서라도 운동하는 편이다. 운동을 마쳤는데 아직 아침 7시라는 것도 좋고, 하기 싫었던 귀찮은 습관을 미리 끝내면서 매일 쌓이는 작은 성취감도 좋다. 무엇보다 긍정적인 사람으로 변하는 게 느껴진다. 저녁 시간을 통제하기 힘들어 운동을 자주 미룬다면 고요한 새벽 시간에 운동하는 것을 추천한다.

처음에는 아침에 운동하면 오후에 피곤했다. 여기서 포기하지 않고 몇 번 하다 보면 체력이 한 단계 상승하면서 피곤함 대신 개운함을 느낄 수 있다. 새벽 운동을 시작한 이후 환절기 감기에 걸리는 빈도는 절반으로 줄었다. 지금 이 글도 그 감동을 생생하게 전하고 싶어 운동한 직후에 쓰고 있다.

운동하는 방법은 무궁무진하다. 오히려 너무 많은 종류에 어떤 것을 선택해야 하는지 어려울 정도다. 요즘은 영상도 잘 만들어져서 혼자 운동하기 좋은 환경이지만 운동을 처음 시작하는 사람이라면 일정 기간은 전문 트레이너에게 PT를 받는 것도 좋다. 영상에서 알려 주는 동작 설명을 잘 듣고 똑같이 따라 한다고 해도 기본기가 없으면 어떤 근육이 쓰이는지 모른다. PT를 받으면서 홈트로 하던 동작의 일부가 잘못된 자세라는 피드백을 받은 적이 있다. 예를 들어 등 근육을 자극하는 운동인데 팔 또는 어깨를 사용해 운동하거나 엉덩이에 자극이 와야 하는데 허벅지가 아프게 운동하는 식이다. 처음에는 근육 쓰임이 느껴지지 않아 초보자가 스스로 체크하기 힘드니 PT를 추천한다.

또한 헬스장에서 자유롭게 운동 기구를 이용하고 싶은데 사용법을 몰라 러닝머신, 자전거만 타고 오는 경우가 많았다. 헬스장마다 차이가 있겠지만 PT를 받지 않아도 상주하는 트레이너에게 작동법을 물어보면 친절하게 알려 준다. 기구 사용법을 정확하게 알고 싶다면 1~3회 정도 PT를 받으면서 기본적인 기구 사용법을 익히면 된다.

PT를 받으며 배운 자세 중 데드리프트는 혼자 운동할 때도 잘 활용하는 편이다. 자세를 제대로 배우고 나면 그동안 봤던 운동 영상이 또 다르게 보일 것이다. PT가 적은 돈이 드는 게 아니기 때문에 금액이 부담되는 건 사실이다. 하지만 배운다는 결심을 세웠으면 욕심 부리지 않고 1회당 한 개 동작만이라도 제대로 습득하는 걸 목표로 세우자.

주의할 점은 너무 PT에만 의존하지 않는 것이다. 배운 운동을 상체와 하체로 나눠 언제 어디서나 스스로 운동할 수 있게 나만의 운동 프로그램을 구성해 보는 것도 좋다.

레버리지할 때 꼭 따져야 할 것

공모주 청약 투자에 심취해 있을 때 난생처음 대출을 받았다. 감사하게도 아직 공모주 투자로 돈을 잃은 적은 없다. 몇 년 동안 청약 일정에 맞춰 기업을 분석하다 보니 내공이 쌓여 좋은 기업에는 과감하게 투자해 보고 싶은 욕심이 생겼다. 현재 재정 상태는 예·적금과 주식이 비슷하게 배분되어 있다. 둘 다 지금 당장 묶여 있는 자금이라 손해를 보면서 해지하기가 쉽지 않았다. 그렇다고 입출금이 자유로운 파킹 통장에 있는 비상금으로만 청약 투자를 하기에는 수익 욕심이 많이 커진 상태였다.

주변 지인이 보험 약관 대출로 공모주 청약 기간에만 잠깐 돈을 빌리고 갚는 방법을 알려 줬다. 공모주 청약은 최근 기준이 완화되었지만 여전히 자금이 많으면 받을 수 있는 주식 수량도 늘어난다. 아예 새로운 대출 자금을 빌리는 게 아니라 그동안 납입해 모은 금액(저축), 해지환급금(보험) 안에서 대출을 받는 것이라 금리도 다른 상품에 비해 낮은 편이었다. 이미 오랜 기간 가입한 상품이라면 해지 하지 않고 대출을 받을 수도 있다.

　종류에 따라 대출이 불가능한 것도 있는데 내게는 예·적금으로 받을 수 있는 담보 대출이 있었다. 그중 납입한 금액이 가장 많은 상품은 2015년 막차로 가입한 재형저축이었다. 5년 만기였던 터라 진작 해지할 수 있었지만 모은 자금을 딱히 굴릴 곳이 없어 추가로 5년 더 만기를 연장한 상태였다. 앞으로 3년 넘게 남은, 총 납입 기간이 10년짜리인 비과세 상품이다. 금리는 1년마다 변동되고 저금리가 계속될 때는 중도 해지하고 투자 자금으로 보태고 싶은 유혹도 있었다. 하지만 마음 한편에서는 저축으로만 1억을 모으고 싶은 의지가 있었기에 아직까지 유지하고 있다. 그동안 저축할 생각만 했을 뿐 대출로 활용할 생각은 전혀 못했다. 아무리 좋은 취지의 빚이라고 해도 빚을 진다는 건 무서웠다.

　상품에 따라 대출 범위는 달라질 수 있지만 내가 활용했던 담보 대출은 현재 계좌에 저축한 자금의 90%까지 대출이 가능했다. 하루 단위로 빌릴 수 있고 최대 빌릴 수 있는 기간은 1년이었다. 일반 예·적금 상품은 만기일 내에서 자유롭게 설정할 수 있고 재형저축, 주택 청약 저축은 신청일로부터 1년 이내로 제한된다. 대출 금리는 현재 가입한 상품 금리에서 1% 이상 붙고 만기 일시 대출 또는 한도 대출 등 상환 방식에 따라 조금씩 달라진다.

공모주 투자는 환불 일이 2~5일이라 잠깐 빌리고 상환하기 괜찮은 조건이었다. 심지어 중도상환 수수료도 없다. 공모주 시장 분위기가 좋았을 때는 빌린 이자의 몇 배에 달하는 수익도 얻을 수 있었다. 그 당시에는 오히려 대출을 늦게 받은 게 아쉬울 정도였다. 이런 방법을 레버리지라고 부른다. 레버리지 투자는 부동산에만 가능한 줄 알았는데 공모주 청약에서도 충분히 가능했다.

레버리지란?

☛ 지렛대를 의미하는 영어 단어로 수익 증대를 위해 부채를 끌어다 지렛대처럼 이용해 자산을 늘리는 것을 말한다. 보통 투자에서 많이 활용하는 방법인데, 기준 금리가 올라서 대출 금리보다 예·적금 금리가 월등하게 높으면 저축에서도 사용할 수 있다.

대출을 신청하면 몇 분 안에 금융 회사에서 본인 확인 전화가 온다. 통화를 종료하면 계좌로 대출금이 입금된다. 처음에는 투자금 목적이라고 하면 빌려주지 않을 것 같아 생활비로 쓰겠다며 자금 사용 계획까지 준비했다. 상담원은 물어보지 않았다. 신용 점수는 대출받는 즉시 잠깐 낮아지지만 제때 갚으면 회복되거나 오히려 기존보다 점수가 더 오르기도 한다. 그럼에도 신용 점수 관리는 평소에 하는 게 좋으므로 대출은 늘 신중하게 신청하자.

주식 시장 분위기가 가라앉았거나 공모주 투자도 예전 같지 않을 때는 수중에 있는 돈 안에서 최대한 보수적인 투자로 강약을 조절하는 편이다. 아니면 수익을 크게 줄 수 있는 대형 공모주에만 레버리지를 사용한다. 단, 기업 주식에 투자하는 빚투, 소비를 위한 대출은 절대 하지 않는다.

일상생활에서도 한정된 시간을 활용하기 위해 기계나 사람으로 레버리지하라는 말이 있다. 예를 들어 집안일을 할 때 식기세척기, 로봇 청소기, 건조기의 도움을 받거나 시간 대비 금액으로 대체 가능한 사람에게 위임하라는 것이다. 혼자 할 수도 있지만 시간이 오래 걸리거나 추가적인 비용이 드는 일, 부수적인 에너지가 드는 일은 나 역시 전문가에게 맡기는 편이다.

첫 번째 일상생활 레버리지 사례는 1년에 한 번씩 반드시 해야 하는 연말정산이었다. 프리랜서 때와 달리 개인사업자로 등록하면서 신경 써야 할 세금이 늘었다. 부가가치세 신고는 1년에 두 번으로, 연말정산보다 복잡하지 않았다. 부가가치세 신고는 온라인으로 찾아보면서 혼자 처리할 수 있었지만 연말정산은 갈수록 어렵게 느껴졌다. 몇 번 직접 도전했지만 지금은 일정 비용을 지불하고 세무사에게 의뢰한다. 비용에 대한 가치는 고군분투하며 겪는 스트레스보다 훨씬 크기 때문에 긍정적으로 소비하는 편이다.

두 번째 일상생활 레버리지는 가계부, 플래너 양식 디자인 특허 등록이었다. 세금 처리하듯 처음에 혼자 해 봤지만 등록이 반려된 이후 변리사에게 위임했다. 예상했던 것보다 비용이 많이 들어갔지만 전문가에게 맡기니 한 번에 성공해서 신경 쓸 일이 확 줄었다. 시간이 흘러 특허권을 갱신하는 시기가 왔다. 몇 달 전 미리 우편, 메일 등으로 연락을 받았고 3년 이상 미리 납부하면 10% 추가 할인도 가능했다. 갱신 비용은 1년에 17,000원이었다. 며칠 후 특허법률사무소로부터 결제 대행 안내 메일을 받았다. 금액을 확인하고 두 눈을 의심했다. 수수료만 무려 55,000원이었다. 계산해 보면 3년 이상 등록할 수 있는 금액인데 매년 위임 비용으로 지불하는 것이 납득되지 않았다. 만약 처리하는 것을 무척 귀찮아했다면, 특허권 갱신이 연말정산처럼 복잡하게 느껴졌다면, 수수료를 회사 비용으로 청구할 수 있었다면, 처리하는 시간 동안 수수료보다 더 많은 수익을 냈다면 아무렇지 않게 특허법률사무소에 위임했을 것이다. 안타깝게도 나는 조건에 모두 해당하지 않았다.

직접 돈을 내겠다는데 특허청에서 결제 시스템을 복잡하게 만들지 않았을 듯했다. 매년 결제하는 방법은 정말 쉬웠지만 3년 이상 미리 납입하는 것은 프로그램 안에서 별도의 신청서를 제출해야 했다. 조금 복잡했지만 못할 정도는 아니었다. 인터넷에 검색하면 관련 정보가 거의 나오지 않아 아쉬웠다. 이번 일을 기회 삼아 특허권 갱신 할인받는 방법을 정리해 블로그에 업로드했다. 3년 후 갱신할 때 참고하기 위해 작성했지만 조회 수가 꾸준히 나오고 심지어 광고 수익도 주는 게시글이 되었다. 만약 특허법률사무소에 위임했다면 30분을 아낄 수 있었겠지만 소비만 했을 뿐 소득으로 이어지지 않았을 것이다. 3년 후 또 고정 비용이 발생했을 테니 말이다.

레버리지의 모든 면을 좋아하는 것은 아니다. 비용 그 이상을 뽑을 수 있는지 반드시 계산해야 한다. 대출처럼 비용이 눈으로 보이면 계산을 통해 선택하기 쉬운데 서비스나 시간처럼 직관적으로 판단하기 애매한 경우도 있으니 주의가 필요하다. 만약 특허 갱신 사례처럼 터무니없는 비용을 제시하면 직접 하는 게 오히려 더 이득일 수 있다. 언젠가 30분에 55,000원 이상을 지불해도 손해라고 느껴지지 않을 때 기쁜 마음으로 위임할 것이다.

코인으로 투자금 날릴 뻔했다

2018년, 처음으로 코인에 투자를 했다. 모르는 투자에는 눈길을 주지 않았어야 했지만 재테크 강의를 할 때마다 코인 투자에 대한 의견을 질문으로 받는 비중이 늘면서 사건이 시작되었다. "코인은 안 해서 답변해 드릴 게 없어요."라고 말하며 대답을 몇 번 거절했는데 수강생 반응이 참 애매했다. 체크 카드만 쓰던 시절, 저축으로만 1억을 모았을 때 '신용 카드, 주식 투자도 안 하는데 재테크 강사라고?' 하는 그 눈빛이 다시 떠올랐다.

이번 기회에 재테크 레벨을 한 단계 올리고 싶었다. 그렇다고 어떠한 정보도 없이 바로 뛰어드는 것은 투자 성향과 맞지 않아 며칠에 걸쳐 코인 투자를 겉핥기로 공부했다. 지금보다 코인 종류도 다양하지 않아서 선택에 큰 고민은 없었다. 하지만 비트코인을 사기에는 금액적인 측면에서 부담이 되었다. 첫 투자만큼은 소수점이 아닌 온주(온전한 1주)로 시작하고 싶었다. 여기저기 알아본 끝에 사람들이

3주차

많이 투자하는 대표 코인 중 1주에 2천 원 정도 하는 걸 골라 소액으로 발을 담갔다. 이것이 코인의 첫 시작이었다.

코인 시장은 주식 투자보다 정보가 더 없었다. 오르고 내리는 이유도 알 수 없었다. 코인장에서 직접 분위기를 보면서 공부하는 방향으로 계획을 변경했지만 여전히 어려웠다. 첫 투자금은 1만 원이었다. 만약 투자한 코인이 망한다고 해도 1만 원 정도면 경험담을 생성하기 위한 비용으로 나쁘지 않았다. 지금은 1만 원을 버릴 수 있다는 걸 상상조차 못하지만 그 당시에는 꽤나 합리적인 교육 비용이라는 어리석은 생각까지 했다.

주식 투자를 1년 정도 했던 시기였고 수익도 곧잘 나와서 시간 가는 줄 모른 채 하루 종일 투자와 관련된 공부만 했다. 지금 다시 그렇게 하라고 하면 못 할 정도로 주식 투자에 미쳐 있었다. 주식은 평일 아침 9시부터 낮 3시 반까지만 보면 됐다. 하지만 코인은 365일 24시간 열려 있기 때문에 쉬는 날이 없었다. 주말에도 핸드폰을 놓지 못했다. 깨작깨작 수익이 나오니까 더 몰입되었다. 당시 동일한 코인에 투자하는 지인이 있었는데 평생 할 연락을 그때 다 했을 정도였다.

떨어질 때마다 사 모으면서 처음 계획했던 것보다 판돈이 커졌다. 주식과 달리 코인은 상한가, 하한가가 없어 변동 폭이 상대적으로 컸다. 그럼에도 저렴할 때 사고 비쌀 때 파는 원칙을 지키자 수익은 계속 발생했다. 문제는 여기서부터 시작되었다. 당시 블로그 체험단으로 가족과 맛집을 종종 다녔다. 가지고 있던 카메라로는 만족도가 떨어진다고 지나가듯 말했는데 부모님은 그 말이 마음에 걸렸는지 좋은 카메라를 사는 데 보태라고 1년 넘게 모은 본인 용돈의 일부 20만 원을 주셨다. 하지만 이미 새로운 핸드폰 안에 있는 카메라 기능만으로 충분해서 굳이 카메라를 별도로 살 이유가 없었다. 한순간에 목적이 없어진 그 돈을 어떻게 할지 고민하다 코인 투자금에 보탰다. 투자 원금만큼 벌어서 원금은 다시 부모님에게 돌려 드리면 꽤나 훈훈한 결과라고 생각했다. 그동안 잃은 돈이 없었기 때문에 자신감은 하늘을 찌르고 있었다.

한탕주의보다 소액 분할 매매로 작게 투자하는 걸 좋아해 받은 돈 20만 원 중 우선 10만 원만 코인에 추가로 투자했다. 계속 상승장이 이어져서 넣는 것마다 수익이었다. '그때 그냥 다 넣을걸' 아쉬웠지만 있는 돈에서 소소한 수익을 보는 것에 만족했다. 당시 재테크 트렌드는 너도나도 코인 투자에 뛰어드는 분위기였고 코인장은 어느새 투기장으로 변모하고 있었다. 며칠 뒤, 그 해 12월 말 우리나라 정부는 가상 통화 투기 근절을 위한 특별 대책을 발표했다. 그 결과 주요 거래소의 가상 계좌 발급이 중지되었으며 신규 가입 또한 일시 중단되었다. 이 여파로 코인 가격은 하루가 무섭게 떨어졌다.

주식은 악재가 나오더라도 기업 자체에 문제가 없으면 바닥을 다지고 반등한다. 코인도 비슷한 원리로 흘러갈 것이라고 생각했다. 코인 자체에 문제가 없으니 금방 원상 복구될 것이라는 기대와 함께 마지막 투자 자금이었던 10만 원도 분할 매수로 모두 태웠다. 허무했다. 욕심에 눈이 멀어 부모님이 꼬박 모아 주신 돈을 날린 게 죄송했다. 매도하지 않으면 손해가 아니라는 희망을 가졌지만 당분간 오를 것 같지 않아 묻어 두었다. 강의에서 누군가가 코인 투자에 대해 물어보면 깊숙한 곳에 매장되어 있다는 웃픈 이야기만 했다. 가끔 상황을 파악하기 위해 들어가면 -80%가 퍼렇게 반기고 있었다.

그렇게 슬픈 추억으로 마무리될 뻔한 코인 투자 이야기는 코로나 팬데믹 이후 코인 가격이 다시 상승하면서 흥미를 더해 갔다. 재테크 전문가들은 코인을 디지털 안전 자산으로 보고 금보다 코인에 주목했다. 묵혀 둔 코인도 오르고 있다는 소식이 들려왔다. 마지막 투자금을 태운 이후로 로그인한 적이 없어 잊어버린 아이디와 비밀번호를 찾느라 꽤 고생했다. 전반적인 코인 상승 분위기 덕분에 마이너스가 꽤 줄어든 상태였다. 우여곡절 끝에 2021년 4월 초, -80%까지 찍었던 코인은 다시 수익을 안겨 줬다. 그동안 주식 투자 또는 예·적금에 넣어 놨으면 더 큰 이익을 얻었을 것이다. 수익은 아쉬웠지만 심적인 부담과 걱정이 사라진 것만으로도 기뻤다. 야수의 심장이었다면 낮은 가격에 코인을 추가로 매수해서 더 빨리 빠져나왔겠지만 결과론적 이야기라는 걸 안다. 많지 않았지만 수익이 났을 때

뒤도 돌아보지 않고 전량 매도했다.

한동안 언론에서는 디지털 안전 자산을 강조했다. '다시 공부해 볼까?' 생각이 또 한 번 스쳤고 가격이 떨어질 때마다 비트코인을 소량으로 모았다. 코인 시장의 흐름도 계속 체크할 수 있다는 핑계도 적절했다. 기존에 가지고 있던 코인을 통해 얻은 수익의 일부로 비트코인 2만 원어치를 분할 매수했다. 이후 내 눈물처럼 가격은 주르륵 흘러내렸고 다시 1년 넘게 마이너스 계좌를 쳐다보지 않았다. 코인투자 공부도 흥미를 잃었다.

이 글을 쓰기 위해 오랜만에 다시 로그인했다. 비트코인 수익률은 -60.32%다. 코인 투자는 나와 맞지 않다는 걸 또 한 번 느낀다. 단기간에 얻는 수익의 유혹을 조심하자. 돌아보면 제대로 알지 못하고 '어떻게든 되겠지' 하는 마음으로 돈을 넣은 것은 투자가 아닌 투기였다. 그날 이후, 부모님은 내 생일 선물로 현금을 주시면서 의심의 눈초리를 거두지 않는다. '저 이제 코인 안 해요. 비트코인에 딱 2만 원만 있어요.'

요나 NOTE

- 투자할 때는 손실 발생 가능성을 반드시 인지해야 한다.
- 소비 목적이 있는 돈은 투자금과 분리하는 것이 중요하다.

- 투자가 나쁜 것은 아니지만 모르는 채로 하거나 단기 고수익을 위한 재테크로는 적합하지 않다.

모임을 끊었다

누군가와 함께할 때보다 혼자 있을 때 에너지가 충전되는 스타일이다. 모임에 다녀와 에너지가 빠지는 느낌이 들면 막연하게 체력이 부족하다고 생각했다. 함께하는 시간은 재미있지만 헤어지고 나면 체력적으로는 물론 정신적으로도 힘들었다. 그 이유를 명확하게 알지 못했다.

한동안 MBTI가 유행처럼 전국을 휩쓸었다. 검사에서 외향과 내향을 구분 짓는 E와 I중 슈퍼 I가 나왔다. 사람들을 만나고 나면 급속도로 피곤해지는 이유를 이제야 알 수 있었다. 체력이나 정신적인 문제보다 성향 자체가 혼자 있는 걸 좋아하는 사람이었다. 어릴 때도 주도적으로 말하거나 처음 보는 사람과 금방 친해지는 건 쉽지 않았다. 주목받는 것보다 오히려 경청과 반응으로 뒤에서 지지하는 걸 좋아했다. 대학생 때까지 이렇게 사는 게 더 익숙했다. 수많은 사람들 앞에서 내 이야기를 하고 있는 미래는 상상조차 못 했다.

어쩌다 보니 온라인 블로그에서 영향력이 생겼다. 사람들이 모이니 모임을 만들어 보고 싶었다. 하지만 모임에 참여하는 회원과 이끌어 가는 리더는 신경 써야 하는 것이 전혀 달랐다. 그동안 회원 입장에서 수동적으로 참여만 했기 때문에 리더가 되는 일에는 큰 용기가 필요했다. 이왕 모임을 시작하는 거라면 회원이었을 때 불편했던 점들을 보완해서 만들고 싶었다.

회원 자격으로 다니던 모임을 그만둔 대표적인 이유는 추구하는 방향과 맞지 않아서였다. 분명 A에 대한 공부 모임이었는데 어느 순간 술자리로 바뀌는 모임들이 있었다. 이 부분을 적극 반영해 첫 모임은 블로그에서 모집했다. 얼굴 한 번 보지 못한 상태로 댓글로만 소통했는데 감사하게도 많은 사람들이 지원했다. 직접 뽑은 8명과 함께 첫 모임을 진행했다. 지금은 더 확장해 독서, 플래너, 가계부 모임 등 자기계발을 주제로 하는 온라인 모임을 주로 운영하고 있다. 주제에 따라 보통 1~3시간 정도로 소요 시간은 조금씩 다르다. 정해진 시간을 꽉꽉 채우되 초과하지 않고 종료하는 편이다. 아쉬워도 아쉬운 마음으로 다시 만나는 게 더 낫다. 특별한 이유도 없는데 끝내지 않고 멀뚱멀뚱 시간만 날리는 모임에 참여하며 피곤함을 느꼈던 터라 시간 약속은 무엇보다 철저하게 지킨다.

한때 오프라인으로 운영되는 모임에 매주 참여한 적이 있다. 이 모임에 참여할 때는 아침에 나갔다가 저녁을 먹고 돌아오는 경우가 허다했다. 모임은 진작 끝났지만 점심 먹고 커피 한 잔 마시고 수다를 떨다가 다시 배고프니 저녁까지 먹었다. 어느 순간 친목 하나로 그 자리를 지키기에는 시간이 너무 아깝다는 생각이 들었다. 대화 주제는 의미 없는 수다나 직장, 연예인, 스포츠와 관련된 이야기가 대부분이었다. 집에 돌아오면 피곤해서 정작 해야 할 일들을 하지 못한 채 잠들고는 했다. 다음 날 '어제 일찍 올걸' 후회해도 이미 늦었다. 그렇다고 용기 내서 먼저 가겠다고 말도 못 했다. 괜히 그 말 하나로 즐거운 분위기를 망치고 싶지 않았다.

정규 활동이 끝나면 다음 주에 보자는 말과 함께 서둘러 자리를 뜨는 회원이 있기는 했다. 처음에는 '우리가 불편한가?' 걱정했지만 꾸준히 모임에 참여하는 것을 보면 나와 비슷한 마음을 가졌던 것 같다. 그 회원은 마음을 행동으로 옮겨 본인 시간을 사수했고 나는 그러지 못한 것이 달랐다. 그 회원 덕분에 용기를 얻어 시간 대비 효율이 낮은 모임은 정규 시간에만 참여하고 그 이후로 진행되는 뒤풀이에는 함께하지 않았다. "가족 모임이 있어서", "강아지가 혼자 있어서", "다른 약속을 잡아 놔서" 등 그 뒤에 일정이 있다고 말했다. 미움 받을까봐 두려웠지만 그들은 별 관심이 없었다. 이때 터득한 거절하는 방법은 지금도 잘 활용한다. 만약 불편함을 감수하고 도전하지 않았더라면 매번 모임에서 발생하는 친목 비용도 아쉬웠을 것이다.

지인 모임도 선택하는 기준이 있다. 이전에는 소속감을 중요하게 여겨 그저 같이 숨 쉬고 있는 것만으로도 좋았다. 대학교에 다닐 때까지는 학창 시절 친구들도 종종 만났는데 보통 사람들과 조금 다른 진로를 택하면서 대화의 공통 주제가 점점 없어졌다. 새벽 기상, 독서, 재테크, 목표 등을 이야기하는 걸 좋아했지만 상대방은 현실 직장인이었고 대화는 이내 겉돌았다. 서로 다른 이야기로 떠드는 것을 발견하고 굳이 시간을 내서 만나지 않아도 괜찮겠다는 생각이 들었다. 한 번은 무의식적으로 책과 플래너를 들고 나갔다가 이상해진 분위기에 상처받은 적이 있다. 그들에게는 나의 평소 모습을 보여 줄 수 없었다. 풀 메이크업, 화려한 옷, 좋은 가방, 액세서리 등으로 변장해야 했다. 술을 마시지 않으니 저녁 만남은 애매했고 주말 점심 만남은 늦게까지 자는 그들의 생활 패턴과 맞지 않았다. 이제는 지나가는 안부 인사로 밥 한 번 먹자고 하지만 안 먹을 것을 알기에 서운하지 않다.

편하게 만날 수 있는 사람, 만남 이후 서로에게 긍정적인 동기 부여가 되는 사람, 술을 마시지 않아도 대화가 통하는 사람 등 지속적으로 유지되는 관계에도 기준이 생겼다. 수많은 지인 중 실제로 만나고 연락하는 사람은 1/10로 확 줄었지만 신기하게도 그들을 만나는 날은 오히려 에너지가 충전되어 감사하다. 매번 어떤 옷을 입고 나가야 할지 고르고 화장하느라 버리는 시간이 줄었다. 가계부에 안 써도 될 돈에 그만 속상할 수 있어서 좋고, 오히려 더 많이 베풀 수 있어 좋다. 소중한 시간을 어색한 웃음으로 채워야 하는 부담감을 느끼지 않아 좋다.

≡📣 **요니나 NOTE**

의미 없는 모임을 끊으면서 생긴 좋은 점 10가지를 소개한다.

1. 나에게 집중하는 시간이 늘어나면서 성장하는 곳에 온전히 에너지를 쏟을 수 있다.

2. 외로운 감정이 줄어든다. 모임에 참여해야만 관계에 대한 결핍을 충족시킬 수 있다고 생각했다. 하지만 오히려 모임이 끝난 후 생기는 공허함이 줄어 심리적으로 더 단단해졌다.

3. 만남을 위한 시간, 장소, 참여하는 사람 등을 며칠 전부터 고려해야 한다. 모임이 끝나고 나서도 안부 인사까지 연락에 쏟는 시간을 줄일 수 있다. 계속 울려대거나 메시지가 쌓이는 채팅방이 없다.

4. 모임에 참석하기 어려울 경우에 발생하는 혼자 소외되는 것에 대한 불필요한 걱정을 하지 않아도 된다.

5. 당분간 참석이 어려울 경우에 발생하는 거절 방법에 대한 마음의 짐이 생기지 않는다.

6. 모임에 참석하기 위해 필요한 비용(교통비, 식비 등)이 들지 않는다. 대신 돈으로 환산할 수 없는 시간과 에너지를 얻을 수 있다.

7. 기분 좋게 참여했다가 가끔 불편한 말을 들으면 감정 소모가 생긴다. 대화 소재도 대부분 생산적이지 않고 무의미한 경우가 많다.

8. 인사치레로 외적인 평가(예를 들어 '요즘 피곤해 보인다', '옷 새로 샀어? 못 보던 옷이네', '오늘 화장 잘 받았네?' 등)에 민감하게 반응하지 않아도 된다.

9. 모이는 사람이 많을수록 신경 써야 하는 사람이 늘어난다.

10. 남과 비교할 것이 없어 나를 깎아내리지 않아도 된다. 질투라는 감정이 사라진다.

모임 후 불편한 상황이나 감정이 생기면 앞으로의 참여 여부를 고민하면서 내게 맞지 않는 모임을 하나씩 줄여 나갔다. 지금은 1:1 또는 1:2처럼 소수의 인원으로 비정기적인 만남만 갖는다.

_____

<u>산책의 중요성</u>

머리가 복잡했다. 정리가 되지 않으니 심적으로 불안했고 조급한 마음에 할 것은 많은데 어떤 것부터 해야 할지 손에 잡히지 않았다. 어느 정도 가닥이 보여야 고민을 글로 풀어 쓰면서 하나씩 해결하는데 그 단계까지 미치질 못했다. 하던 일을 멈추고 밖으로 나갔다. 이어폰은 일부러 챙기지 않았다. 핸드폰만 가지고 나갔다. '핸드폰은 만보 체크하는 데 도움이 될 테니까.' 이것저것 챙길 여유가 없었는데도 앱테크하는 습관을 챙기는 것이 새삼 놀라웠다. 평소 이동하는 시간에 오디오북이나 팟캐스트를 듣기 때문에 외출 시 이어폰은 필수였지만 복잡한 생각을 정리해야 했으므로 의도적으로 제한했다.

처음에는 목적 없이 그냥 걷는다. 당장의 문제를 해결해야겠다는 의무감을 가지기보다 아무 생각도 하지 않고 걷는다. 평소 바쁘게 지나치던 거리 위에서 사람도 구경하고 건물 생김새를 뜯어본다. 핸드폰을 하느라 숙여 둔 고개를 들어 하늘도 감상한다. 숨도 크게 쉬어 보고 다른 사람의 보행을 방해하지 않는 선에서 간단하게 스트레칭도 한다.

　어느 정도 마음이 안정되었다면 피하고 싶던 고민거리를 하나씩 떠올린다. '왜 안 될까?', '진짜 이런 방법밖에 없을까?' 같은 문장을 나에게만 들릴 정도로 내뱉으면서 나 자신과 대화를 시작한다. 예전에는 일이 안 풀리거나 기분이 좋지 않으면 항상 맛있는 것부터 찾거나 의도적으로 피하고 늦추면서 해결하려 했다. 일시적으로 감정은 회복될 수 있으나 나를 괴롭히는 문제의 본질은 변하지 않았다. 가계부를 결산할 때면 이 점이 늘 아쉬운 소비 항목으로 정리되고는 했다. 비슷한 문제가 생기면 늘 같은 방법을 되풀이하는 게 일상이었다. 반복하면 할수록 극복하려는 의지보다 번아웃이 먼저 찾아왔고 무기력증이 나를 짓눌렀다. 딱히 해결 방법도 없어 내 삶의 일부로 받아들이면 마음 하나는 편했다.

　평소 밖에서 활동하는 것보다 사무실, 집 등 실내에 머무르면서 휴식하는 걸 좋아한다. 누군가가 스트레스를 산책으로 푼다는 말에 공감하지 못했다. 산책이 가져다주는 효능을 알지 못했기에 오히려 산책을 시간 낭비라고 생각했다. 우연히 날씨가 좋았던 어느 날 오늘과 비슷한 복잡스러운 감정이 들었을 때 크림 가득 담긴 도넛이 먹고 싶어서 저 멀리 20분 넘게 걸어간 적이 있다. 급하게 나오느라 이어폰을 챙기지 못했다. 시간을 활용하지 못한다는 생각에 자책하려다 이번 기회에 주변을 감싸는 소리를 들어 보면 좋겠다는 생각이 스쳤다. 우려했던 것과 달리 주변 소리는 거슬리지 않았다. 오롯이 나와의 대화에 집중하니 실마리가 조금씩 풀리기 시작했다. 보통 20분 정도 걸으면 생각지도 못한 해결책, 아이디어가 떠오른다. '유레카'를 외치던 그때 그 느낌이 짜릿해서 이제는 필요할 때마다 산책을 찾는다.

어느 날엔 시간을 단축하기 위해 헬스장까지 버스를 타고 가려고 했다. 버스를 타는 시간에 오디오북을 들을 예정이었는데 도저히 집중할 자신이 없었다. 버스 요금 1,250원과 소요 시간 20분. 버스를 타는 대신 걷는 걸 선택했다. 소요 시간은 두 배가 늘었지만 그 시간 동안 생각을 정리할 수 있었다. 일정 걸음 수를 채우면 포인트를 주는 은행 애플리케이션에서 포인트를 받아 140원도 벌었다. 사무실에서 네모난 모니터만 보면 생각을 확장하기가 어려운데 산책 덕분에 활력 넘치던 때로 돌아온 셈이다. 세상이 너무 빠르게 돌아간다고 느껴진다면 가끔 이렇게 느리게 시간을 보내는 것도 해볼 만하다.

요나나 NOTE

걷기만 해도 포인트를 받을 수 있는 애플리케이션을 소개한다.

• 토스 만보기: 하루 1천 보, 5천 보, 1만 보를 걷거나 토스에서 지정

한 장소에 방문하면 포인트를 적립할 수 있다. 5천 점 이상 모이면 추가 수수료 없이 무료로 현금화할 수 있다.

- KB매일걷기: 일주일마다 3만 5천 보, 7만 보 달성 및 한 달 동안 15만 보 이상 걸으면 포인트리를 받을 수 있다. 포인트리는 1:1 비율로 현금화할 수 있다.

- 포인트워크: 현대에서 만든 H포인트 애플리케이션에서 사용이 가능하다. 500보마다 5개의 젤리를 적립할 수 있다. 하루에 적립 가능한 젤리는 1만 보, 총 100개다. 모은 젤리는 비율에 따라 H포인트로 교환할 수 있다. H포인트는 100점 이상 보유 시 1점~100점 단위로 사용이 가능하기 때문에 현대백화점에서 한 끼를 먹을 때 유용하게 사용할 수 있다.

- 캐시워크: 100보마다 1캐시, 하루 최대 100캐시까지 적립이 가능하다. 모은 캐시는 카페, 베이커리, 편의점 등에서 상품으로 교환할 수 있다.

- 신한플러스 만보기: 매일 출석 체크하면 포인트를 받을 수 있다. 일주일동안 평균 5천 보 또는 1만 보 기록에 따라 랜덤 신한 포인트가 제공된다. 신한 포인트는 1:1 비율로 현금화할 수 있다.

※ 해당 애플리케이션은 상황에 따라 조기 종료되거나 포인트 적립 률이 달라질 수 있다.

갈아타기가 필요한 때

금리 상승 분위기가 강하게 이어질 때는 평소보다 더 자주 예·적금 금리 변동을 확인한다. 고금리 특판이 나오면 몇 분 만에 마감될 정도로 인기가 뜨겁다. 심지어 새벽 1~2시쯤 상품 가입 페이지가 열려 그들만의 축제라는 비판의 목소리가 나오기도 했다. 평소 저축에 큰 관심을 보이지 않거나 회의적이었던 사람들마저 영업점 오픈 전부터 길게 줄을 서기도 한다. 금리가 높은 상품에 매번 빠르게 가입하는 것이 힘들 수 있다. 하지만 현재 금리 상황을 알아두면 갈아탈 필요성이 느껴질 때 도움을 받기 좋다.

지난 몇 년은 하루가 다르게 금리가 계속 낮아지는 저금리 시대였다. 저축으로 종잣돈을 모은다는 것은 부모님 세대에만 가능한 일이었다. 묵묵하게 시간을 보내야 결과물이 나오는 예·적금보다 짧은 기간에 결과가 나올 가능성이 높아 보이는 주식 투자에 관심이 쏠리기 시작했다. 이런 기대와 달리 간혹 투자 종목에 따라 손해를 보기도 하고, 비자발적으로 보유하게 되기도 한다. 저축보다 못한 투자가 생각보다 꽤 많은 것이다.

주식 호황기 때는 저축 만기 날에 재예치하지 않고 언젠가 투자할 자금으로 용도를 바꿨다. 은행 파킹 통장, 증권사 CMA 통장 등에 넣어 소소한 이자를 받으면서 투자 기회를 노리는 게 재테크 트렌드였다.

입출금 통장의 평균 금리가 연 1.5%도 안 되었을 시절에는 A 은행에서 나온 연 2% 금리가 매력적이었다. 너도나도 가입할 정도로 열풍이었다. 주로 사용하는 은행이 아니었음에도 이자가 꽤 차이 나는 걸 무시할 수 없어 통장을 옮겼다. 심지어 매일 이자를 받을 수 있다는 것도 신선했다. 한 은행을 오래 이용한 고객이 당장 받을 수 있는 혜택은 극히 드물었다. 다른 은행으로 하루아침에 옮기는 건 번거로울 수 있지만 이자를 받아 보니 그 혜택을 놓칠 수 없었다.

그러다 주식 상승 분위기가 꺾이면서 1년 넘게 하락장이 계속되었다. 몇 달 안에 회복될 기미가 보이지 않았다. 주식 계좌에 추가 투자 자금을 투입하는 대신 수익이 난 종목을 매도하면서 현금으로 바꾸는 작업을 이어 갔다. 주식 비중을 줄이고 한동안 관심이 덜했던 예·적금을 찬찬히 살펴봤다. 카멜레온처럼 대세에 따라 저축과 주식 비중을 조절해야 했다. 금리가 낮거나 높을 때도 주식장이 좋고 나쁜 것에 상관없이 자산으로 꾸준히 돈을 버는 것이 중요하다.

2017년부터 주식 투자를 시작했지만 저축도 늘 함께 했다. 주변에서는 그 돈으로 금리가 낮은 저축 대신 투자를 했다면 더 많은 수익을 내지 않았겠냐며 아쉬워했다. 하지만 자산 일부는 원금을 잃지 않는 안정성에도 배분하는 게 심리적으로 편했다. 특히 재테크는 심리 싸움이라는 걸 잊지 말자.

기준 금리 인상 발표 때마다 슬금슬금 저축과 대출 금리가 올랐다. 가끔 괜찮은 공모주 청약이 있으면 예·적금 담보 대출로 레버리지를 일으켰지만 오르는 대출 금리는 부담되었다. 당분간 금리가 다시 내려갈 때까지는 수중에 있는 돈에서 비례 또는 균등 청약 위주로 투자를 하기로 포트폴리오 방향을 틀었다.

기준 금리는 언제까지 얼마나 오를지 예상할 수 없어 연초, 처음 금리를 인상할 때 정기 예금 1년 상품에 가입했다. 연 2.75%였다. 그동안 최고 금리가 연 2.5%였으니 가입 당시에도 높다고 생각했다. 5개월이 지났을 무렵 예금 최저 금리는 연 3.35%였다. 한 달마다 금리는 조금씩 계속 올랐다. 1년 사이에 재테크 시장이 급변했다. 저축은 중도에 해지하면 원금 손실이 없더라도 이자가 거의 없는 구조여서 갈아탈 때 신중하게 접근하는 게 좋다. 가입했던 상품과 비교할 때 금리가 0.5%p 이상 차이 나면 해지 계획을 세웠고 몇 달 뒤, 그날

이 왔다.

중도 해지는 갈아타는 행동뿐만 아니라 본인 인증, 자금 이체, 신규 가입 등 부수적인 일도 포함한다. 시간, 에너지가 추가로 소모되는 것이다. 어떻게 보면 자동 만기 해지보다 귀찮을 수 있다. 그럼에도 내 돈은 내가 지켜야 한다. 진짜 괜찮은 상품이 나올 때를 대비해서 몇 년간 들고 다니지 않았던 보안 카드와 OTP를 항상 챙기고 있다. 중도 해지로 받은 이자 8만 원도 포함해서 신규 1년 예금에 다시 가입했다. 이후 연 4.50% 그리고 최근 연 5.79%로 10개월간 총 4번, 고금리 저축 상품으로 갈아탔다.

 요니나 NOTE

금리가 계속 오르는 분위기에서는 1년 단위 상품 가입 유지가 부담스러울 수 있다. 요즘 금융 회사는 고객 단기 자금 유치를 위해 만기가 짧은 예금 상품에 높은 금리를 주고 있다. 예를 들면 2개월에 연 5.30%인 식이다. 금리만 보면 혹할 수 있지만 5.30%는 연 이율이라는 걸 확인하자. 100만 원을 2개월 예금에 가입할 때 받는 이자는 세전 8,833원이다. 단기로 묵혀 둘 곳이 필요하다면 짧게 운용해서 중도 해지를 피할 수도 있다.

4 주 차

돈을 내 편으로 만드는
돈버릇 지속 주간

샤넬을 좋아합니다

여행과 명품은 한 번에 큰 목돈이 나가는 소비재다. 돈을 모으는 시기에 이런 소비 욕구와 마주하면 고민은 최고조에 다다른다. 특히 명품은 자기만족을 위한 소비라 한 번 꽂히면 계속 아른거린다. 명품에 대한 욕구는 어릴 때부터 있었다. 이왕이면 좋고 예쁜 것을 가지고 싶었다. 특히 어른이 되어서는 고등학생 때부터 가지고 싶었던 샤넬 장지갑을 드림 보드에 붙여 두고 매일 아침 간절히 기도하기도 했다.

왜 좋아하는지 묻는다면 특별히 할 말은 없었다. 다른 지갑보다 예뻐 보였고, 당시 내 능력으로는 구매하기 벅찬 상품이었기에 더 갈망했던 것 같다. 샤넬 로고가 찍힌 물건을 가지고 싶은데 수중에 있는 돈으로 살 수 있는 제품은 로고가 박힌 매니큐어뿐이었다. 여행 후 한국으로 돌아오는 길에 들른 해외 면세점에서 남은 외화를 모두 털어 구매한 기억이 있다. 이후 블로그 행사 선물로 샤넬 손거울을 받았는데 세상을 다 가진 기분이었다. 그때 큰마음 먹고 샀던 매니큐어는 아까운 마음에 쓰지 않고 두었더니 그대로 굳어 버렸다. 그나마 선물로 받은 손거울은 지금도 잘 쓰고 있다.

"명품 좋아하세요?"라고 누군가가 묻는다면 당당하게 좋아한다고 말한다. 명품은 누구나 좋아할 수 있다. 다만 명품으로 치장하면서 돈 자랑하는 것은 부자라고 생각하지 않는다. 또한 능력에 맞지 않는 구매도 문제라고 생각한다. 특히 과시욕까지 포함된 구매가 계속 이어진다면 돈 모으기는 더더욱 힘들어질 것이다.

감추고 싶은 흑역사가 있다. 20대 후반, 친구와 떠난 유럽 자유 여행 코스에는 프랑스 파리가 포함되어 있었다. 여행의 취지는 미술관 투어였지만 평소 갈망하던 명품의 탄생지였기에 이유를 따지지 않고 가는 마음이 훨씬 컸다. 드림 보드에서 사진으로만 보던 장지갑을 영접할 수 있는 기회였다. 당시에는 아울렛의 존재를 생각하지 못했기 때문에 파리 명품 거리에 있는 본점에서 이틀 동안 고민하다 빨간색 장지갑을 결제했다. 신용 카드도 없어서 체크 카드 3개로 분할 결제를 했다. 해외에서 결제하면 캐시백해 주는 카드사 이벤트도 여행 전에 신청해서 내야 할 세금만큼 돈을 아꼈던 기억이 난다. 가격은 국내보다 저렴했다.

장지갑을 소중하게 모셔 왔고 6년이 지난 지금도 그대로 모셔 두었다. 작은 스크래치에도 민감한 지갑 재질 때문에 실생활에서 편하게 쓰기 힘들었다. 분명 내 돈을 주고 샀는데 제대로 활용하지 못하니 애매한 상태였다. 내가 가진 고가의 물건 중 활용도가 제일 떨어졌다. 목표 달성에 대한 쾌감을 돈으로 대체한 느낌이었다.

그날 이후 언제 어디서든 잘 활용할 수 있는 것을 소비해야겠다고 다짐했다. 오랜만에 열어 본 장지갑 더스트백은 세월의 흔적을 모두 털어내듯 검은 가루를 떨어뜨리고 있었다. 애지중지하던 더스트백도 결국 버렸다. 늦었지만 지금이라도 좋은 지갑에 돈을 넣어야 연봉이 몇십 배가 오른다는 장지갑 미신을 핑계 삼아 열심히 들고 다니려고 한다. 그나저나 현금과 카드를 가지고 다니지 않는데 뭘 넣어야 할지 난감하다. 미래를 볼 줄 알았다면 장지갑이 아닌 교통 카드 한 장을 넣을 수 있는 카드 지갑을 샀을 텐데 갑자기 아쉬운 마음이 스쳐 간다.

여전히 샤넬 로고만 봐도 두근거리지만 장지갑 사건 이후로 또 다른 명품을 사고 싶은 욕구는 생기지 않았다. 어차피 사용하지 못할 물건이라는 것, 아직 내 그릇에 담기에는 부담스러운 존재라는 걸 깨달았기 때문이다. 요즘에는 물건을 고를 때 가격 그 이상을 뽑아낼 수 있는지를 구매 조건의 우선순위로 둔다. 명품으로 자존감을 올린다고들 하는데 진정한 자존감과 나다움은 아무것도 없는 상태에서도 스스로 당당하다고 느낄 때 충분히 성취할 수 있다고 생각한다.

그 정도 벌었으면

3년 전, 한 공공 기관에서 재테크 강의를 했다. 강의를 마치고 나갈 준비를 하는데 담당자가 불러 세웠다. "내가 나연 씨 앞으로 잘됐으면 해서, 언니가 말한다 생각하고 들어 봐." 전문 강사가 본업은 아니었지만 강의를 시작한 지 7년이 넘은 때였다. 수강생이 아닌 사람에게 피드백을 받는 게 익숙지 않아 내심 무슨 이야기를 할지 기대하며 정리를 멈추고 돌아봤다.

"1억 넘게 벌었다며, 근데 버스가 뭐야. 없어 보이니까 그런 건 수강생한테 굳이 말하지 않아도 돼. 차 한 대 정도는 있어야지. 설마 운전면허 없는 건 아니지? 그 정도 벌었으면 쓸 땐 써야지. 언제까지 노트북 담긴 배낭 메고 대중교통 이용할거야? 강사는 첫인상이 굉장히 중요해! 외형에서 돈 좀 벌었다는 게 티가 나야 하고, 화장도 짙은 립스틱 바르고 짧은 치마 입으면서 관객 시선을 잡아야 해. 지금은 너무 어려 보이고 재테크 강사 느낌이 전혀 없어. 내가 재테크 강의를 수백 번 들었거든. 조언이라 생각하고 고쳐 봐."

바꾸지 않으면 본인이 알고 있는 곳에 소개하지 않겠다는 작은 협박도 함께였다. 30분 동안 자리에 서서 언어폭력을 당했다. 말로만 듣던 직장 상사 꼰대질을 당한 것이다. 언니라고 운을 뗄 때 알아챘어야 했는데. 그의 말이 내게 피가 되고 살이 되었으면 좋았겠지만 그런 해피 엔딩은 없었다. 강의를 의뢰할 때부터 예의가 없어 별로였는데 끝까지 별로였다. 행여나 강의료를 주지 않을까 봐 그저 듣고만 있어야 하는 게 너무 화가 났다. 이런 이야기까지 포함된 비용이었다면 책정한 강의료는 너무 저렴했다. 며칠 뒤 본인이 소속된 커뮤니티에 초대해 주겠다며 새벽에 메신저를 보낸 것을 보고 바로 차단하면서 관계를 정리했다.

외적인 지적은 기분 나쁘지 않았다. 명품으로 치장하면서 돈자랑하는 것은 부자라고 생각하지 않기 때문이다. 납득이 안 된 것은 '대중교통 이용'이었다. 강의 장소가 대중교통으로 가기 어려운 곳도 아니었고 출발지에서 버스 한 번만 타고 내리면 도보로 5분 거리인데 오히려 운전은 나에게 피곤함을 더하는 일이었다. 당시에 쓴 플래너를 복기해 보면 강의 장소까지 이동하는 동안 버스에서 낮잠 잠깐, 강의 최종 체크 등 운전하면 할 수 없는 부수적인 것을 했다. 강의가 끝나고 피곤한 상태로 운전하는 것도 부담스럽고, 혹여나 출퇴근 시간과 겹칠 때 운전한다고 생각하면 정말 끔찍하다. 게다가 대부

4주차

분의 강의 장소는 처음 가는 곳이라 신경 쓸 것도 많아 차가 있어도 운전하지 않았을 것이다. 몇 번 하다 보면 익숙해진다지만 그 몇 번의 모험을 하고 싶지 않았다. 만약 교통이 불편한 지방에 살았다면 시간과 에너지 보호를 위해 1순위로 자동차를 구매했을 수도 있다. 차를 구매하는 것에 무조건 부정적인 입장은 아니다. 다만 대체재가 충분히 있음에도 아쉬운 선택을 하는 걸 싫어할 뿐이다.

운전면허를 취득한 지 10년이 훌쩍 지났다. 그 당시에도 당장 운전할 생각은 없었는데 만날 때마다 "20살 되면 운전면허는 있어야지"를 인사처럼 하던 친척의 말이 듣기 싫어서 홧김에 운전학원에 등록했다. 등 떠밀리듯 시험을 봤고 다행히 한 번에 합격했지만 지금 내 운전면허증은 신분증을 대신하고 있을 뿐이다. 처음 몇 번은 운전 실력을 유지하기 위해 부모님 차를 몰았다. 하지만 운전으로 내 삶이 크게 바뀌는 느낌이 없어서 더 이상 운전을 이어 가지 않았다. 보험료, 유지비, 그 외 부속 비용 등을 생각하면서 '과연 몇 년 안에 차 값을 뽑아낼 수 있을까?'라고 스스로에게 질문을 하면 확답할 수 없었다. 예쁘고 멋진 차를 보면 잠깐 감탄하지만 사고 싶은 욕구로 이어지지 않는다. 아직까지 필요성을 느끼지 못하기에 자동차 구매 목표도 일절 없다. 차가 반드시 필요한 상황이 생기면 카쉐어링 또는 택시를 탈 수 있지만 아직 그런 상황은 오지 않았다. 지금도 전국 곳곳으로 강의를 하러 가는 동안 버스, 지하철, 기차, 비행기 등 대중교통을 적극적으로 이용한다. 이동 시간에 책을 읽고 글을 쓰거나 잠깐의 휴식을 취하고 추가적인 공부를 하는 등 두 손을 자유롭게 활용하는 것에 집중한다. 이 글 역시 지옥철 안에서 썼다.

요니나 NOTE

운전면허를 취득한 지 10년이 훌쩍 지났음에도 여전히 대중교통을 고집하는 이유에 대해 정리해 보았다. 대중교통 체계가 잘 잡혀 있는 곳에 거주하거나 자동차 관련 비용이 생활에 부담을 준다면 자동차 구매를 신중하게 고민해야 한다.

자가용이 있으면 좋은 점

1. 시간, 장소, 환경 등에 구애 받지 않고 어디든 이동할 수 있다.

2. 나만의 독립된 공간이 생긴다.

3. 차 안에 짐을 놓고 내릴 수 있다.

자가용이 있으면 불편한 점

1. 상황에 따라 대중교통을 이용해야 한다.

2. 피곤해도 운전하거나 대리 비용이 추가로 발생한다.

3. 책을 읽거나 글을 쓰는 등 운전 외에 할 수 있는 게 제한적이다.

4. 구매하는 순간 고정적으로 들어가는 비용이 발생한다.

자동차 관련 비용

구매 즉시 반영되는 자동차 감가상각비, 자동차 할부금, 보험료, 기름값, 세차 및 주차료, 하이 패스 요금, 수리 및 유지 비용 등이 있다. 자동차의 종류와 주로 활동하는 지역에 따라 월 80~110만 원 정도의 고정 지출이 발생한다고 한다. 이와 별도로 자동차 구매 시 발생하는 취등록세, 매년 내야 하는 자동차세도 있다.

대중교통을 이용하면 좋은 점

1. 직접 운전하지 않아도 원하는 곳으로 이동할 수 있다.
2. 운전할 때보다 능동적으로 할 수 있는 것이 다양하다.
3. 이동 수단을 소유하지 않았으므로 이와 관련된 비용이 발생하지 않는다.

대중교통을 이용하면 불편한 점

1. 나만의 독립된 공간이 없다.
2. 짐을 놔둘 곳이 마땅치 않다.
3. 첫차와 막차 시간, 승하차하는 곳이 존재해 이동에 제약이 있다.
4. 한 번에 목적지까지 갈 수 없을 경우 환승해야 하는 번거로움이 있다.

대중교통 관련 비용

지하철만 이용한다면 정기권, 지하철과 버스를 복합적으로 이용한다면 교통비 할인 혜택이 있는 후불 교통 카드 또는 알뜰 교통 카드를 사용하자. 교통비의 일부를 절약할 수 있고 소소하지만 연말 정산 소득 공제도 받을 수 있다. 정기권은 이동하는 거리에 따라 충전 금액이 달라지지만 나의 경우 최근 몇 년 동안 한 달 교통비로 10만 원 내외를 소비했다. 교통카드의 종류와 장단점은 78쪽에서 확인할 수 있다.

콘텐츠에 집중하기

미니멀 라이프와 무지출 챌린지의 중간 단계인 자발적 가난을 시작하면서 자연스럽게 본질과 가치에 관심이 생겼다. 평소 아무렇지 않게 소비했던 물건들이 부담스러워지기 시작했다. 물건이 너무 많으니 오히려 정리가 안 되면서 피하고 싶은 마음이 생겼다. '내가 원하는 건 실물로 존재하는 물건을 소유하는 것인가? 아니면 그 안에 들어있는 콘텐츠, 본질인가?' 눈앞에 있는 수많은 물건을 보며 생각했다. 예전에는 물건과 콘텐츠 모두 원했다면 지금은 콘텐츠에 더 많이 집중한다.

모든 디자인을 모으겠다며 이곳저곳에 있는 지점을 돌아다녀 수집한 스타벅스 카드도 지금은 애물단지가 되었다. 이벤트에 참여하거나 포인트 또는 도장을 적립받기 위해 부득이하게 사용했던 실물 카드 대신 E-카드 또는 모바일 상품권 등을 사용한다. 전시회를 보거나 영화를 볼 때도 실물 티켓 보다 QR코드를 사용한다. 티켓만 모아 둔 박스가 있을 정도로 실물로 존재하는 것들을 애틋하게 여겼던 사람이라 처음에는 쉽지 않았다. 실물이 없으면 증거, 결과물이 사라지는 것 같았다. 하지만 자발적 가난을 계기로 콘텐츠 그 자체를 중요하게 생각하기로 했다.

더 이상 종이로 된 책만 고집하지 않는다. 종이책을 사지 않고 전자책을 읽거나 오디오북을 듣거나 챗북을 통해 책 안에 있는 콘텐츠를 소비한다. 자기계발을 위해 관행적으로 샀던 교재도 E-BOOK으로 대체했다. 몇 달 전만 해도 E-BOOK에 돈 쓰는 것을 이해하지 못했다. E-BOOK 리더기로 독서는 하지만 공부는 또 다르다고 생각했다. 그러던 중 이런 편견을 깨뜨리는 사건이 발생했다. 중국어를 공부하기 위해 1년 치 교재를 정기 구독으로 구매한 적이 있었다. 한 번만 보고 버리기는 아쉬워서 이후 2년 동안 복습하는 교재로도 사용했다. 3년 가까운 시간 동안 똑같은 교재로 공부해서 그런지 새로운 콘텐츠로 중국어를 공부하고 싶은 마음이 생겨났고, 종이책을 정리하기로 했다. 그러자 3년 동안 같은 책으로 공부했다는 것에서 오는 뿌듯함보다 12권의 책을 한꺼번에 분리배출하며 오는 스트레스가 더 컸다. 다음 교재는 환경에 부담을 덜 주는 것을 사용하고 싶었다. 그때 E-BOOK이 떠올랐다.

지금 공부하는 중국어 교재는 종이책 출간 며칠 뒤에 E-BOOK이 출간된다. E-BOOK은 종이책보다 1,000원 정도 저렴하다. 게다가 E-BOOK에만 적용할 수 있는 할인 쿠폰도 있어서 최종 결제 금액은 1,000원 미만이다. 이마저도 앱테크로 모은 포인트를 사용하면 결제 비용은 0원에 가까워진다. 매달 새로운 콘텐츠를 무료에 가까운 금액으로 소비할 수 있는 것이다. 그 전에는 종이책 1년 정기 구독에 6만 원 이상을 지불했다. 책이 도착할 때마다 늘어나는 포장 쓰레기로 마음도 편치 않았다. 이렇게 구매한 1년 치 교재를 버리기로 마음먹었을 때 홀가분함보다 스트레스가 큰 건 당연한 일이었다. 이제 매달 택배를 기다리는 기쁨은 줄었지만 필요할 때마다 언제든 교재를 다운로드해서 볼 수 있는 편리함을 경험하고 있다.

책을 소유하지 않고 읽는 방법으로 도서관 이용, 대여 업체 이용 등이 있지만 대출하고 반납하는 과정에서 발생하는 추가적인 에너지와 시간을 아끼고 싶었다. 지금은 읽고 싶은 책이 생기면 전자책 플랫폼 또는 전자 도서관에 접속해서 검색한다. 반드시 읽어야 하는 책이 아니라면 전자책 플랫폼에 등록되어 있는 유사한 책을 참고한다. E-BOOK을 알기 전에는 월평균 4권을 겨우 읽었다면 지금은 월평균 10권을 거뜬히 읽는다. 예전에는 인터넷 쇼핑몰에서 신상품을 검색하며 장바구니를 채우는 데 힘썼다면 이제는 전자책 플랫폼에 어떤 신간이 등록되었는지 검색하고 서재에 담아 둔다. 이렇게 일상생활에서 여러 가지 방법으로 책을 접하는 중이다. 앞으로도 이런 태도를 유지한다면 물건에 대한 집착은 점점 줄어들 것이다.

E-BOOK 리더기는 다른 IT 기기와 달리 기본적인 활용법만 알면 독서하는 데 지장이 없다. 책은 종이로 읽어야 한다고 생각했던 사람이라서 그랬던 것인지 E-BOOK의 첫 인상은 좋지 않았다. 가독성도 떨어지는 것 같았고 인상 깊었던 문장을 찾기 위해 지나간 페이지를 넘기는 일도 번거로웠다. 하이라이트나 북마크 기능을 써도 되지만 그래도 불편했다. 하지만 여러 불편에도 불구하고 사용한 지한 달이 지났을 무렵부터 E-BOOK 찬양자로 바뀌었다. 불편했던 점은 대체할 수 있는 방법으로 바꿔나갔다. 가독성 문제는 서체 모양과 크기를 변경하며 종이책과 비슷하게 조절하자 해결되었다. 인상 깊은 문장은 핸드폰으로 촬영해 온라인에 기록한다. 문장만 업로드하지 않고 이 문장을 고른 이유와 이 문장을 읽으며 떠오른 감정 등을 함께 남긴다. 종이책은 깨끗하게 보는 습관이 있어서 편하게 필기하며 보기 어려웠는데 E-BOOK은 그런 고민이 필요 없었다.

그동안 무거운 가방에 종이책까지 얹어야 하니 이런저런 핑계로 책을 들고 다니지 않았다. 지금은 핸드폰 무게와 비슷한 E-BOOK 리더기를 매일 가지고 다닌다. 배터리는 한 번 충전하면 2~3일은 거뜬히 사용할 수 있다. 집 또는 사무실에서 읽을 책을 미리 다운로드해 두고 출발하면 마음이 든든해진다. E-BOOK 리더기를 깜빡하고 가지고 나오지 않았을 때는 어쩔 수 없이 태블릿 또는 핸드폰으로 책을 보거나 오디오북으로 소설을 듣는다.

요나나 NOTE

- 거주지 또는 직장 근처 전자 도서관: 종이책처럼 대출 가능한 권수가 정해져 있고 대출 중인 경우 예약 후 순서를 기다려야 한다. 인기 많은 도서는 바로 읽기 어려우며 대출 기간도 도서관 종이책과 비슷하게 정해져 있다.

- 서점 E-BOOK 사이트: 월 정액제로 한 달에 읽을 수 있는 권수가 정해져 있거나 특정 기간 동안 무제한으로 볼 수 있다. 업체마다 볼 수 있는 책 종류가 다르다.

- 독서 플랫폼 기업: E-BOOK뿐만 아니라 오디오북, 챗북 등 다양한 콘텐츠를 제공해서 계속 독서하고 싶게 만든다. 통신사에 따라 멤버십 혜택을 이용해 매달 무료로 구독해서 볼 수 있다.

성장 일기를 쓴다

초등학교를 빨리 졸업하고 싶었던 이유 중 하나는 일기 쓰기였다. 선생님과 부모님이 시켜서 어쩔 수 없이 써야 했던 일기. 내용을 확인한다는 명분으로 사생활이 공개되는 것도 기분 좋은 일은 아니었다. 학교에서 일기 쓰기를 숙제로 내 준 이유가 수업 시간 외의 시간을 어떻게 보내고 있는지 파악하기 위해서였다는 것을 더 이상 일기를 쓰지 않을 때 알게 되었다. 글쓰기 능력 향상을 기대해 볼 수 있겠지만 그럼에도 매일 일기를 써야 하는 이유를 납득하기 힘들었다.

스무 살 이후 한동안 일기에 대한 생각은 잊은 채 하루하루를 보냈다. 일기나 스케줄러는 쓰지 않았지만 매년 새로운 다이어리를 구매했다. 내년에는 달라질 새로운 나를 위한 작은 정성을 담은 소비는 연례행사 중 하나였다. 새해 며칠 열심히 쓰다가 지속해야 하는 이유를 찾지 못하면 밀리기 시작했고 곧 흐지부지되었다. 앞쪽에 몇 장 쓰다 남은 깨끗한 다이어리가 매년 쌓여 갔다. 저렴하지 않은 금액을 땅바닥에 버리는 꼴이었다.

삶의 목표가 존재하지 않았을 때 시간은 때우는 것이었고 그래서 그런지 너무 느리게 갔던 기억뿐이다. 하지만 지금은 1분 1초가 소중하다. 오죽하면 시간이 남는 사람에게 시간을 사고 싶을 정도라고 말하면서 다닐까. 어릴 때 흥청망청 썼던 시간을 다시 주워 담을 수 없으니 지금부터라도 남아 있는 시간을 잘 사용하기 위한 방법을 고민했다.

결국은 '기록'이었다. 접근성이 뛰어난 애플리케이션이나 SNS에 기록을 남기기 시작했다. 하지만 처음 의도와 달리 자꾸 웹서핑을 하거나 다른 사람의 SNS를 구경하는 등 딴 길로 새는 일이 잦아졌다. 오히려 조금 불편할지라도 목적 달성을 위해서는 직접 펜을 들어 글을 쓰는 것이 효율성이 좋았다. 시간이 부족하다면서 기록에 시간을 소비하는 게 이해가 되지 않을 수 있다. 나 역시 처음에 같은 생각을 했다. 하지만 이건 기록하지 않은 사람들이 하는 대표적인 고민이다. 시간은 기록할수록 오히려 1분 1초까지 잘 활용할 수 있다. 이건 해 본 사람만이 안다.

플래너, 우선순위와 투두 리스트 양식에 기반하여 목표와 시간을 관리했다. 계획(목표), 행동(실천), 결과(피드포워드) 세 가지를 담아 정리했다. 감정보다는 객관적인 사실을 바탕으로 적었다. 하루

24시간 중 집중이 잘되는 시간, 몸을 써야 하는 시간, 휴식이 필요한 시간 등 나의 컨디션 데이터가 쌓이기 시작했다. 처음 기록할 때는 매번 목표와 실천이 따로 놀았지만 시간이 지날수록 간격이 점점 좁아지면서 하나의 방향으로 맞물려 나가는 게 느껴졌다. 머리로 생각하고 고민하는 것보다 행동으로 결과물을 만드는 시간의 비중이 커졌다.

객관적 사실에 기반한 기록은 어떠한 변명을 할 수 없게 해서 실천율을 높이는 장점이 있다. 하지만 뭔가 조금 허전했다. 어딘가 비어 있는 느낌이 강하게 들었다. 내 감정을 온전히 담는 기록, 반복하는 실수 등을 나만의 언어로 정리하는 기록이 필요했다. 결국은 '일기'였다. 다시는 쓰지 않겠다고 다짐했지만 현재 느끼는 갈증을 해결하는 방법은 일기밖에 없었다. 학창 시절의 일기처럼 보여 주기 식으로 쓰는 게 아니라 내게 도움이 되는 일기 활용법이 필요했다.

더도 말고 덜도 말고 A5 노트에 하루 한 장만 쓰는 걸 규칙으로 세웠다. 여전히 시작은 창대했지만 끝으로 갈수록 흐지부지되는 일이 잦았다. 이번 달은 다를 거라며 굳은 다짐을 하는 나에게 더 이상 속지 않는다. 그 대신 매일 기록에 신경 쓴다. 하루 한 장 글쓰기에는 따로 정해진 양식이 없다. 단, 피드백만 쓰지 않고 피드포워드를 통해 앞으로의 계획, 방향, 속도 조절 등의 요소를 필수적으로 넣어 활용 범위를 넓힌다. 이렇게 작성하면 단순한 일기가 아닌 성장을 담은 기록이 된다.

육아 일기, 성장 일기가 부모님이 어린 시절 나를 관찰하고 적은 기록이듯 A5 노트에 하루 한 장 쓰는 것도 현재 찬란한 시절을 보내고 있는 나를 기록하는 것이다. 잘한 건 적극적으로 칭찬하고, 아쉬운 부분이나 개선이 필요한 부분은 냉정하게 체크한다. '내일부터 열심히 할 거야!'라는 막연한 의지 하나만으로 변화무쌍한 세상을 살기에는 변수가 많다.

성장 일기

· 기상 6:00
· 취침 23:49

Thanks
1. 도전 시간에는 미치지 못하지만 아침 활용 고맙습니다.
2. 바이올린 수업에 다녀올 수 있어 고맙습니다.
3. 강아지 산책 다녀와서 고맙습니다.

☑ 이진우의 손에 잡히는 경제, 내용 어려워서 한 번 더 들음
→ 모를 때는 한 번 더 듣는 것도 좋은 선택이다

☑ 황태 떡국은 ○○○이 최고

→ 분할 결제도 가능해서 좋다. 든든한 한 끼

☑ 오늘따라 너무 피곤했다. 사무실에서도 딥슬립

→ 일기 쓰고 바로 자야지! 피로 누적인 듯

☑ 바이올린 출석했다

→ 시간이 애매해서 고민했는데 다녀오길 잘한 듯!

　새로운 곡 연주하고파

☑ 지옥철에서 앉을 수 있었다

→ 독서했다. 근데 양옆 핸드폰이 방해되었다

☑ 내일 강의안 업데이트, 설문지 전달

→ 투자 더 쉽게 설명할 방법 고민해 보자

☑ 원고 작성 제외한 우선순위 모두 완료

→ 아침에 일어나자마자 바로 목표 관련해서 적어 볼까?

☑ 《하얼빈》 책 받음

→ 16일 전까지 다 읽어야 함! 집에서도 읽기

Tomorrow

1. 일정 체크 하기

2. 유산균 챙겨 먹기

3. 이마트 미션 수행

4. 리마인드 카톡 보내기

5. 카톡 홍보하기

그렇다면 일기는 언제 쓰면 좋을까? 줄리아 캐머런의 책《아티스트 웨이》에서는 '모닝 페이지'라고 부르는 아침 일기를 세 장 쓰며 나와 데이트하는 걸 추천한다. 각자마다 활용법은 다르겠지만 나는 기상 후, 점심 식사 후, 자기 전에 총 세 번에 나눠서 하루 한 페이지를 기록한다. 하루에 몰아서 쓰면 그 당시 감정을 담아내기가 어렵고 나도 모르게 왜곡하는 경우도 있어 틈틈이 적는 편이다. 지금은 플래너와 일기 두 가지를 사용한다. 플래너는 O 또는 X로 결과를 표시하며 행동을 점검하고 목표 관리에 집중한다. 성장 일기는 과정 속에서 느끼는 감정과 생각을 오롯이 담는다.

기록 하나 추가했을 뿐인데 반복하는 실수를 줄일 수 있었다. 머릿속을 떠다니는 생각을 글로 풀어내면서 허둥지둥하거나 할까 말까 고민하는 시간까지 줄일 수 있었다. 기록은 시간을 빼앗는 행동이라고 여겼다면 이번 기회에 꼭 기록을 습관화하길 바란다. 기록을 통해 스스로를 더 사랑할 수 있고 나를 나로 받아들일 수 있을 것이다.

나를 계속하게 하는 힘

모르는 번호로 전화가 왔다. 사무실에서는 집중하기 위해 핸드폰을 방해금지 모드로 설정해 둔다. 핸드폰 자체 기능으로 GPS를 통해 정한 장소에서는 지정한 연락처, 애플리케이션 외에 알림이 울리지 않는다. 설정한 장소 주변에 있으면 자동으로 방해금지 모드가 켜지는데 몰입하고 싶을 때 유용하게 쓴다. 요즘 광고 전화가 많이 와서 등록하지 않은 번호로 부재중 전화가 한 번만 찍혀 있으면 그런가 보다 하고 넘긴다. 하지만 이후로도 같은 번호로 세 번이나 부재중 전화가 와 있었다. 급한 일인 것 같아 먼저 전화를 걸었다.

"여보세요."
"네, 김나연 강사님 맞으신가요? **마트 담당자입니다."

몇 년 전 직접 만든 가계부가 세상에 나온 후 전국 방방곡곡 강사비가 얼마든 상관없이 돌아다닌 적이 있다. 그때는 내 강의를 통해 한 사람이라도 더 가계부 쓰는 방법을 배우고, 재정적 상황까지 나아진다면 좋겠다는 사명감에 불타올랐다. 낯선 사람들 앞에서 말을 꺼내는 게 어려웠지만 누군가에게 가계부 쓰는 노하우를 소개하는 것만으로도 가슴이 두근거렸다. 그때는 가계부, 저축, 체크 카드가 강연 콘텐츠 주된 내용이었다. 지금은 주식 투자, 신용 카드, 금테크, 환테크, 노후 연금 투자 등 더 많은 재테크 콘텐츠를 다룰 수 있을 정도로 세월이 많이 흘렀다. 당장 돈이 되지 않는다고 포기하지 않던 시절이었다. 오히려 시간을 투자하며 내공을 쌓았던 때라고 생각한다. 회상에 젖으려는 찰나 수화기 저편에서 목소리가 들렸다.

"혹시 여전히 가계부 강의하시나요?"
"그럼요!"

사회 전반적으로 가계부에 대한 관심이 높아져 강의 의뢰가 많이 들어오고 있었지만 예전 강의를 기억하고 다시 연락을 받는 일은 색다른 기분이었다. 강의 일정에 대한 통화를 마치고 "아직 수업해 주셔서 감사해요."라는 메시지를 받았다. '아직'이라는 단어에서 알 수 없는 미묘한 감정이 느껴졌다. 아직 가계부를 쓰고 있었고 아직 재테크 강의도 하고 있었다. '왜 아직도 그 일을 계속하고 있을까?' 메시지 보며 지난 10년을 회상했다.

재테크 콘텐츠를 블로그에 처음 업로드하며 스스로 했던 그 다짐이 지금도 유효한지 돌아봤다. 시작한 지 얼마 되지 않았을 때는 혼자 잘사는 것만 생각했다. 그러다 대학을 졸업하기 전에 1천만 원을 모으면서 다른 교육처럼 '금융'에 얼마큼 관심을 가지고 공부하느냐에 따라 부의 격차가 충분히 벌어질 수 있겠다는 생각을 했다. 하지만 우리나라의 교육 현실은 입시에 초점이 맞춰져 있어 살아 있는 금융을 배울 기회가 거의 없었다. 이러한 현실과 마주하자 몇 년 간 시간과 돈을 투자하면서 배운 재테크 정보와 지식을 나눠 주고 싶은 마음이 들었다. 올바른 정보를 배우는 사람이 많아질수록 금융 회사도 고객에게 제대로 된 상품을 판매할 것이라는 기대감 하나로 블로그에 글 올리기 시작했다.

'우리나라 모든 사람이 돈 걱정 없는 삶을 살 수 있도록, 돈 때문에 꿈을 포기하지 않도록' 이 두 문장은 어둡고 막막해 앞이 보이지 않는 길을 걷고 있는 20대의 나를 천천히 비춰 주는 등대 역할을 했다. 포기하고 싶거나 이 정도면 충분하다는 생각이 들 때마다 이 문장을 꺼내 보았다. 나를 지탱해 주는 문장 하나만 있어도 하는 일의 방향과 속도를 점검할 수 있다.

사람마다 자존감이 올라가는 요소가 다르다. 이런저런 성과 또는 결과물을 통해 증명하거나 인정받을 수도 있다. 나는 무엇보다 어느 날 문득 건네받는 선물 같은 후기들로 자존감이 올라간다. '덕분에 가계부 잘 쓰고 있어요.', '플래너로 꿈을 이루고 있어요.', '아무리 생각해도 재테크는 선생님밖에 없더라고요.', '플래너로 업무 효율까지 올랐어요. 제작해 주셔서 고맙습니다.', '다른 가계부 써 봤는데 도움을 크게 못 받아서 다시 돌아왔어요.' 등 나로 인해 변화하고 있다는 후기가 지금까지 이 일을 지속할 수 있게 하는 진정한 힘이 되었다.

가끔 무례한 댓글을 보면 흔들리기도 한다. 그럼에도 지금 이 순간 도움이 필요한 누군가를 위해 여전히 재테크와 자기계발 이야기를 하고 있다. 그들에게 정확한 정보를 전달하기 위해서는 멈추지 않고 끊임없이 공부해야 한다. 하나둘 쌓여 결국 큰 자산으로 내게 돌아올 것을 생각하면 스트레스보다 생동감을 느낀다. 이런 게 바로 윈윈 효과가 아닐까?

나를 계속 움직이게 하는 힘은 어디서 나오는지 한번 생각해 보자. 어떤 상황, 어떤 메시지가 나를 살아 있게 해 준다면 꼭 붙잡아 두자.

연말 셀프 선물 주기

골드바와 실버바에 관심 가지게 된 지 그리 오래되지 않았다. 여러 재테크 자산 중에서 특히 금과 은은 부자들의 소유물이라 여겼고 오히려 14K, 18K, 24K 액세서리가 친근했다. 재테크를 공부한다면 한 번은 읽어 봐야 하는 책 중에《부자 아빠 가난한 아빠》가 있다. 3~4년에 한 번씩 다시 찾아보는데 읽을 때마다 재테크 시야가 넓어지는 걸 느낀다. 저자 로버트 기요사키는 2019년 책《페이크》를 내면서 실물 금과 은에 집중하라는 메시지를 전달한다. 저자는 우리가 쓰고 있는 화폐(돈)가 가짜 자산이라고 말한다. 반면 금과 은을 진짜 자산이라고 하며 투자용이 아닌 보험용으로 실물 금과 은을 꾸준히 모아가야 한다고 주장했다. 쉽게 받아들이기 힘든 낯선 내용이었지만 그냥 지나치기 아쉬울 정도로 인상 깊었다. 그동안 금과 은은 달러와 함께 안전 자산 중 하나라고 여겼을 뿐 소유할 생각은 하지 못했다. 책을 제대로 읽었다는 의미 중 하나, 저자가 말하는 내용 중 한 가지라도 직접 실천해 보는 것이다. 이번 기회에 골드바를 사기로 했다.

가짜 자산만 있었던 포트폴리오에서 금과 은의 비중을 늘려나가는 계획을 세웠다. 생애 첫 골드바를 사기 위해 마음을 먹었는데 적당한 구매처를 찾기 어려웠다. 예전에 금은방에서 액세서리를 샀던 기억이 나서 종로 귀금속 거리를 발품 팔며 돌아다녔다. 가격은 매장마다 조금씩 차이가 있었다. 눈으로 봤을 때 상태가 좋은 것 중 가격이 너무 싸지도 않고 비싸지도 않은 걸로 37.5g, 10돈 골드바를 구매했다. 현금 약 200만 원이 한 덩어리 금으로 바뀐 그 느낌을 아직도 잊을 수 없다. 무리하지 않는 선에서 현금을 골드바로 바꾸는 것도 괜찮은 아이디어였다. 그날 이후 해마다 수고한 나 자신에게 더 이상 호텔 뷔페나 물건을 선물하지 않는다. 그 대신 진짜 자산인 골드바를 선물하고 있다.

골드바는 무지출 저축을 통해 1년 동안 모은 금액으로 산다. 내 의지로 소비를 조절할 수 있는 변동 지출 기준에서 소비가 없는 날에는 하루에 5,000원씩 모았다. 몇 년 전에 비하면 금값이 많이 올라 내년부터는 10,000원으로 저축액을 더 늘릴 계획이다. 입출금 통장보다 상대적으로 금리가 높은 파킹 통장에 따로 모으면서 소소한 이자도 받고 있다. 처음에는 자유 적금 상품을 이용했지만 만기일이 고정되어 있어서 유동성 측면에서 불편했다. 금값은 끊임없이 변한다. 아무리 시세 차익을 얻지 않고 계속 보험처럼 모아 간다고 해도 이왕이면 저렴할 때 사면 더 좋지 않을까? 유동성 확률을 높이기 위해 입금과 출금이 자유로운 파킹 통장으로 골랐다. 무지출은 처음에는 한 달에 5회도 어려웠지만 현재는 20회를 목표로 할 정도로 익숙해졌다. 소비를 줄인 것에 대한 보상으로 1년에 한 번, 금을 살 수 있으니 목표 달성을 위해 신경 쓴다. 무지출을 성공하는 횟수가 늘어나는 만큼 살 수 있는 금의 무게도 늘어나기 때문에 이만한 동기 부여가 없었다.

실물 금을 사는 방법에는 여러 종류가 있다. 맨 처음에는 귀금속 거리에서 발품을 팔았다. 이 방법의 장점은 골드바를 구매하기 전에 실물을 확인할 수 있다는 것이다. 단점은 예상보다 발품을 많이 팔아야 한다는 것, 보여 주는 골드바가 진짜인지 알 수 없다는 것, 현재 금 시세(포털 사이트에서 '오늘의 금 시세' 검색)를 파악해 판매자와 협상해야 한다는 것이다. 협상하는 능력이 없으면 아무리 많은 자료를 조사했더라도 구매 가격이 썩 마음에 들지 않을 수도 있다. 나는 협상에 유리한 스타일은 아니기 때문에 맨 처음에 한 번 경험한 것으로도 충분했다. 면접 보는 것마냥 떨렸던 기억이 강해 골드바를 구매할 수 있는 다른 방법을 찾아봤다.

우연히 온라인으로 금을 사고파는 시스템이 있다는 걸 알게 되었고 그 후로는 비대면으로 금을 사 모았다. 수시로 바뀌는 시세를 적극적으로 반영한 결과, 매일 변경된 가격으로 골드바와 실버바의 정보를 확인할 수 있다는 것이 온라인 거래의 장점이었다. 반영이 더딘 듯한 오프라인보다 데이터가 명확해서 좋았다. 현금영수증과 세

금계산서 발급도 가능했다. 판매 무게 또한 0.5g부터 500g까지 굉장히 다양해 투자 금액에 따라 고를 수 있는 폭이 넓었다.

골드바는 보통 무게가 가벼울수록 조금씩 더 비싸다. 1돈 3.75g, 10돈 37.5g, 100돈 375g은 상식으로 알아 두자. 또한 골드바는 제조사에 따라서도 가격대가 다르다. 간혹 유명한 캐릭터가 그려진 골드바를 판매하기도 하는데 일반 골드바에 비해 가격이 꽤 비싸다. 호기심으로 한 번쯤은 구매해 볼 수 있지만 그 금액이라면 조금 더 보태 골드바 무게를 늘리는 게 나을 수도 있다. 골드바를 구매할 때는 표면에 999.9가 적혀 있는지 반드시 확인해야 한다. 999.9는 포나인이라고도 부르는데 순도 999.9%를 의미한다.

골드바와 실버바는 구매 금액에 부가세 10%와 업체 수수료도 포함되어 있어 다른 투자 자산에 비해 살 때와 팔 때의 가격 차이가 꽤 큰 편이다. 투자 자산으로 활용하고 싶다면 장기적인 관점으로 접근해야 한다. 반면 팔지 않고 계속 모으면서 보험 자산처럼 쌓아둔다면 시세 차익에 크게 연연하지 말자. 30대가 끝나기 전까지 골드바로 1천만 원을 모으는 게 목표다.

나는 평생 가계부,
플래너를 쓰지 않을 것이다

하고 싶은 것도 많고 생각과 고민도 많다. 하루 24시간을 어떻게 보내고 있는지 복기하기 위해 시간과 돈에 대해 기록하기 시작했다. 데이터가 전혀 없는 상태에서 계획하는 것은 희망 사항을 나열하는 일밖에 되지 않았다. 계획을 세울 당시의 이성적인 나와 실제 그 계획을 행동으로 옮기는 감정적이고 변수가 많은 나에 대한 괴리감만 크게 느껴졌다. 아무리 '내일부터 열심히!'를 외쳐도 의지는 금방 사라졌다. 쉽게 흔들리는 나를 잡아 준 것은 외적, 내적 동기 부여도 아닌 과거의 행적을 담은 기록물이었다. 하루, 일주일, 한 달, 분기, 반기, 1년 이상 과거에 했던 행동과 생각을 정리해 두었을 뿐인데 나란 존재가 어떤 사람인지 조금씩 가닥이 보이기 시작했다.

새로운 한 해를 시작하거나 마무리할 시기에 타로 또는 사주에 돈을 지불하면서 모르는 사람의 말 한마디에 내 삶을 맡긴 적도 있었다. 남이 바라보는 내가 신경 쓰여서 외적인 곳에 시간, 에너지, 돈을 많이 썼다. 스스로 어떤 사람인지 알지 못하니 누군가가 아무리 좋은 조언을 해 줘도 삐딱하게 바라볼 뿐 온전히 받아들이지 못했다. 자존감이 아닌 자존심만 센 철부지였다. 영양가 없는 칭찬들로 성장을 방해하는 사람은 결국 나였다. 지금은 듣는 순간에 불편할지라도 조언을 흘리지 않고 들어 자극제로 쓴다. 어색한 웃음으로 그 순간을 피하지 않고 나에게 진짜 도움이 될 이야기를 주고받으면서 성장한다. 잘한 부분은 적극 칭찬하고 개선할 부분은 감정을 제하며 성장할 수 있도록 집중한다. 기록이 내 인생 일부를 바꿔 줬기에 지금도 하루에 최소 30분은 기록에 투자한다.

과거의 나는 했던 일을 기록하기보다 앞으로 일어날 일에 대한 계획을 기록하는 데 많은 시간을 할애했다. 보통 며칠 가지 않아 목표가 어긋나고 결국 포기한다. 나중에는 계획해도 변하는 게 없다는 불평과 함께 관리 자체를 하지 않는 악순환을 반복한다. 이럴 때는 잠시 계획하는 걸 멈추고 했던 일을 기록으로 쌓아 올려야 한다는 것을 뒤늦게 깨달았다. 과거보다 미래를 상상하는 걸 좋아할지라도 과거 모습을 알지 못하면 현재와 미래에 대한 불확실성은 점점 더 커질 것이다.

이제는 계획을 막연하게 세우지 않아서 행동으로 옮기는 확률도 꽤 높아졌다. 현재 삶을 업그레이드하는 데 도움을 주는 기록의 도구는 가계부, 플래너, 일기, 체크리스트 메모지 등이다. 종종 가계부와 플래너를 언제까지 써야 하는지에 대한 질문을 받는다. 10여 년 넘게 기록하다 보니 이제는 쓰지 않을 때 오히려 불안하다. 예측 불가능한 상황에서 아무런 준비 없이 암흑을 헤쳐 나가야 할 것 같은 막막함도 느껴진다. 처음에는 딱 1년, 사계절 기록물만 얻겠다는 목표로 시작했다. 쓰다 보니 1년이 지났고 만들어진 데이터를 그 다음 해에 활용해 보고 싶어서 1년을 더 썼다. 작년과 올해가 다른 것은 물론, 대학생과 취업준비생, 1인 기업, 자영업자 등 직업에 따라 내용이 바뀌었다.

기록은 중요한 것을 더 잘 기억할 수 있게 도와준다. 머릿속에 있는 복잡한 감정, 고민, 수많은 생각들을 글로 적으면 엉킨 실타래가 자연스럽게 풀린다. 집중과 몰입을 잘하고 싶다면 기록과 친해지자. 신기하게도 기록하면 할수록 실천하지 않는 날보다 실천하는 날이 더 많아진다. 계획을 세워도 더 이상 답답하지 않다. 특히 가계부는 한정된 예산 안에서 계획한 대로 지출하도록 도와준다. 가계부를 쓰기 시작한 후로 재정적인 측면에서 더 자유로워졌다. 보이지 않는 시간과 돈을 데이터로 시각화하니 관리가 쉬워졌다. 그리고 점점 나라는 존재가 예측 가능해졌다.

그렇다고 해도 평생 동안 가계부, 플래너를 쓰지는 않을 것이다. 기록하지 않아도 시간과 돈을 자유자재로 통제할 수 있겠다는 확신이 들면 그때 서서히 놓아주고 마침표를 찍을 것이다. 시간과 돈 관리가 삶의 일부로 자리 잡으면 그만할 것이다. 즉 그날이 오기 전 까지는 매일 계획하고 기록하며 피드백을 차곡차곡 쌓겠다는 말이 다. 언젠가 끝이 온다는 걸 염두에 두고 행동하면 그리 지루하지는 않을 것이다. 오늘도 나를 위해 치열하게 기록해 본다.

요니나 액션 플랜

요니나 액션 플랜

목표는 세상 누구보다 잘 세울 수 있다. 하지만 거창한 계획과 달리 어디서부터 어떻게 시작하고 행동해야 할지 몰라 막막했던 적이 한 두 번이 아니다. 그저 꿈으로만 남겨 두지 않기 위해 작게라도 좋으니 매달 결과물을 만들고 싶었다. 오랫동안 비슷한 고민을 했다. 아직 일어나지도 않은 일에 대해 걱정하느라 막상 행동조차 하지 못했던 경우가 종종 있었고 늘 아쉬움으로 남았다. '그 때 조금이라도 해 볼 걸', '뭐야! 이렇게 쉽게 할 수 있는 거였어?', '생각했던 것보다 어려운 거였네?' 등 목표 중에서도 직접 몸으로 부딪혀 봐야 즉각적으로 알 수 있는 것이 꽤 많았기 때문이다.

걱정, 고민, 불안 등 심리적인 부분만 잘 관리해도 전반적인 행복 지수는 올라간다. 시간과 에너지를 매번 소비하면서 치열하게 목표를 세우는 이유는 다름 아닌 스스로의 행복을 지키기 위함이다. 몇 년 간 목표 관리로 지속적인 결과물을 내면서 머리로 아무리 생각한들 풀리지 않는 것이 세상에 꽤 많다는 것을 느꼈다. 또한 그 시기에만 할 수 있는 것도 무시할 수 없었다. 그렇기 때문에 행동과 실천을 가능한 작게 쪼개고 나눠 일상 속 습관으로 만드는 것이 중요했다. 이와 동시에 머뭇거리거나 미루는 행동도 함께 극복해야 했다.

목표를 이루고 싶어 여러 방법을 시도했고 그중 현재까지 활용하고 있는 '액션 플랜(Action Plan)' 기법을 소개하고자 한다. 이 책도 지난 4개월 동안 실천한 액션 플랜을 통해 결과물로 나온 것 중하나다. 나뿐만 아니라 액션 플랜 모임에 참여하는 멤버들 역시 이기법을 통해 드림 보드 만들기, 홈페이지 만들기, 유튜브 채널 만들기, 포트폴리오 업데이트하기 등을 실천했다. 막연한 꿈과 계획에서 머물지 않고 스스로 정해 둔 기간 안에서 지속적으로 결과물을 생산했다.

액션 플랜 기법은 8단계로 구성된 한 달 코스지만 각자의 속도에 맞춰 변형할 수도 있다. 이 방법을 처음 접해 가이드가 필요한 사람을 위해 단계마다 실천 기간도 명시해 두었으니 참고해 적용하자. 막연한 '목표'라는 명사를 매일 구체적으로 '행동'할 수 있는 동사로 바꿔 결과물을 만드는 과정이 궁금했다면 도움이 될 것이다. 액션 플랜은 8단계를 여러 번 반복해 성공을 쌓는 시스템이다. 두려움, 실패, 포기보다 자신감, 성공, 지속할 수 있는 힘을 얻을 수 있다. 습관으로 자리 잡으면 더 큰 목표를 세우더라도 액션 플랜 기법에 따라 곳곳에 체크 포인트를 두면서 스스로 관리할 수 있는 나만의 루틴이 만들어진다.

속는 셈 치고 한 달만 해 보자. 이 글을 읽고 실천으로 옮기는 것에 따라 그토록 바라던 꿈이 현실이 될 수도 있고, 그저 터무니없는 꿈으로 남을 수도 있다. 이제 더 이상 성공의 열쇠를 본인이 아닌 다른 사람이나 환경, 상황에 맡기지 말자. 작게 시작해 계속 성공하는 습관을 액션 플랜과 함께 만들어 보자.

액션 플랜 8단계

1단계: 목표 세우기(1~3일 차)

2단계: 과거 돌아보기(4~7일 차)

3단계: 현실 반영하기(8~10일 차)

4단계: 피드포워드하기(11~13일 차)

5단계: 방해 요소 제거하기(14~17일 차)

6단계: 반드시 해야 할 이유 찾기(18~21일 차)

7단계: 목표를 실생활과 연결하기(22~25일 차)

8단계: 함께할 사람 찾기(26~30일 차)

액션 플랜 1단계:
목표 세우기(1~3일 차)

"현재 가장 이루고 싶은 목표 또는 꿈은 무엇인가?" 대답을 바로 떠올리기가 쉽지 않다. 목표의 범위나 목표 달성을 위한 기간 등이 구체적이지 않으면 대답은 모호하거나 추상적일 수밖에 없다. 자기계발 관련 콘텐츠를 접하다 보면 큰 목표를 가져야 한다는 말을 한 번쯤 들어 봤을 것이다. 목표에 한계를 정하면 가능성마저 차단할 수 있기 때문에 처음부터 크고 과감하게 생각하라고 강조한다. 맞는 말이다. 다만 평소 목표를 세우고 이뤄 본 경험이 극히 드물다면 큰 목표는 오히려 독이 될 수 있다. 이보다 먼저 현실적인 목표 설정으로 작은 결과물을 얻으면서 경험 빈도를 높이는 것을 추천한다.

액션 플랜에서 말하는 현실적인 목표는 평소 충분히 할 수 있는 것보다 1~2개 더 하는 걸 말한다. 근육을 키울 때도 더 이상 들수 없는 무게부터 시작해 근육에 자극을 주는 것처럼 말이다. 운동의 진정한 묘미는 도저히 못 하겠다 생각하는 그 다음부터라고 하듯 목표도 비현실적이지는 않되 그렇다고 쉽게 이루기에는 어려운 정도로 세우는 게 좋다.

대부분 간절히 원하는 꿈과 목표를 하나씩 갖고 있을 것이다. 하지만 어디서부터 어떻게 접근해야 할지 모른 채 이것저것 시도해 본다. 이런 과정으로 나온 결과물은 만족스럽지 않은 경우가 많다. 나 역시 그런 시행착오를 겪으며 꽤 오랜 시간을 보냈는데 성과가 나오기도 전에 이미 지쳐 포기한 경험만 얻었을 뿐이었다. 자기계발 콘텐츠나 성공하는 사람들이 전하는 이야기는 일단 의심부터 했다. 그럼에도 마음 한편에서는 성공하고 싶다는 생각을 멈출 수 없었고, 성공에 대한 방법을 궁금해했다.

'어떻게 해야 할까?' 성공하는 사람의 행동을 내 삶에 하나씩 접목시켰다. 가장 먼저 적용한 것은 목표 세우기였다. 머릿속에 떠다니는 막연한 생각과 고민을 형식에 얽매이지 않고 손으로 적었다. 내가 원하는 걸 직접 눈으로 볼 수 있게 만든 것이다. '책 쓰기', '돈 모으기' 등 즉각적으로 생각나는 걸 적었다. 그 다음에는 어떤 책을 어떻게, 언제까지 쓰고 싶은지 같은 항목을 추가해 목표를 더 명확하게 만들었다. 책 쓰기 목표는 [초보자도 할 수 있는 투자 경험을 담은 콘텐츠, 신년 출간 목표, 늦어도 10월까지 탈고]로, 돈 모으기 목표는 [올해 12월까지 1천만 원 모으기, 남은 기간 6개월, 저축과 투자 병행]으로 설정했다. 이처럼 숫자와 구체적인 방향만 더했을 뿐인데 모호했던 목표들이 선명해지기 시작했다. 지금 내가 집중해야 하는 것과 그렇지 않아도 되는 것을 구분할 수 있었다. 제대로 된 목표 하나만 있어도 삶의 방향을 구체적으로 잡을 수 있다는 걸 처음 느꼈다.

액션 플랜 1단계 예시

분야	목표
글쓰기	초보자도 할 수 있는 투자 경험을 담은 책 출간
재테크	올해 1천만 원 종잣돈 모으기 위해 저축과 투자 병행하기

액션 플랜 1단계 작성 팁

머릿속에 떠오르는 단어는 보통 가공되지 않는 명사형 목표일 경우가 많다. 목표나 계획을 세울 때 시간을 조금 투자해서라도 짧은 명사형 목표를 구체적으로 길게 풀어 줄 필요가 있다. 이렇게 하면 막연했던 목표가 보다 또렷해지기 때문이다. 구체적인 행동이나 숫자를 넣어 생동감 있는 목표를 만들어 보자. 그리고 그 목표를 기준 삼아 하위 목표를 추가해 보자. 목표 달성을 위해 지금 당장 행동할 수 있다면 실현 가능성이 높은 목표라고 할 수 있다.

액션 플랜 1단계 양식

분야	목표

액션 플랜 2단계:
과거 돌아보기(4~7일 차)

액션 플랜 1단계의 목표 세우기 방법이 낯선 사람은 목표를 설정하는 데 시간이 오래 걸렸을 것이다. 막막한 기분에 휩싸여 아직 제대로 된 목표를 정하지 못했을 수도 있다. 괜찮다. 나 역시 꽤 고생했다. 그동안 너무 막연한 희망 회로를 돌리며 살지는 않았는지 반성하는 시간이 되었다. 좋은 질문을 해야 좋은 대답이 나오는 것처럼 목표 또한 충분히 고민해야 좋은 목표가 정해지고 연관된 행동이 따라 나오면서 좋은 결과물을 만들 수 있다. 혹시 목표를 고민하는 불편한 상황을 피하고 싶어서 아무렇게나 목표를 세웠다면 다시 한번 치열하게 고민하길 권한다. 고민하는 만큼 나와의 대화 속에서 진짜 원하는 것을 찾을 가능성이 높기 때문이다. 나와 마주하기 두렵다면 매일 1쪽 일기 쓰기로 엉킨 실타래를 풀어 보는 것을 추천한다.

목표를 세우고 2~3일 정도는 두근거리는 마음으로 이것저것을 시도하며 행동하거나 도전했을 것이다. 만약 책 쓰기를 목표로 세웠다면 직접 글을 써 보거나 관련된 책들을 찾아봤을 것이다. 돈 모으는 것을 목표로 세웠다면 요즘 유행하는 재테크 콘텐츠에 관심을 가져 보고 무지출 챌린지에 도전해 봤을 것이다. 일주일 정도 실천해 보니 어떠한가? 목표만 계획했을 때와 달리 신경 써야 할 것도 많고 예측 불가능한 상황이 여기저기서 튀어 나와 수습하느라 고생도 했을 것이다. 올해는 달라질 것이라며 고군분투하는 모습에 아낌없는 응원의 박수를 보내고 싶다.

아쉽게도 고작 며칠 지났을 뿐인데 시작할 때의 마음가짐을 오래 지속하기 힘들다. 본인이 가진 에너지의 총량을 생각하지 않고 처음부터 너무 열심히 해서 금방 지쳤을 수도 있다. 잠시 휴식이 필요하다는 이유로 쉬었는데 그날 이후 벌써 며칠이 흘렀을 수도 있다. 과거에 비슷한 경험으로 계획을 이루지 못한 적이 있다면 이번에는 목표를 다르게 세우는 방법도 고려했을 것이다. 그럼에도 갖가지 변수로 계획한 것과 비교하면 100% 만족하기 힘들다. 이 시기에 많은 사람들이 현실과 타협하거나 포기한다. 즉, 작심삼일이라는 것이다. 우리는 감정 없이 매일 같은 성과를 내는 기계가 아니기 때문에 의지 하나만으로 새해 첫날 또는 1일부터 새 마음으로 시작하겠다는 다짐을 오랜 기간 유지하기 힘들다. 이때 계속 이어지는 과거의 굳은 습관을 무시할 수 없음을 인정하는 것이 중요하다.

나는 어떤 목표를 세우든 늘 처음 며칠만 반짝 불태웠다. 그러다가 중반부터 흐지부지되기 시작했고 월말에 다시 현실을 직시했다. 이번 달은 망했다며 포기하는 것이 일상이었다. 아직 며칠이나 더 남았지만 이미 마음은 붕 뜬 채 다음 달 1일만 기다렸다. 이때 플래너와 일기, 가계부의 도움을 받았다. 목표를 이루는 기간 동안 불규칙적으로 쓴 노트들을 들춰 봤다. 어떤 상황 때문에 그만뒀고, 잠시 멈췄는지 등을 짧게나마 기록했던 과거의 자료가 내 삶을 바꿔주는 하나의 불빛이 되었다.

열심히 살고자 발버둥 쳤던 내 안에 수많은 기복이 존재했음을 알 수 있었다. 번아웃이나 무기력이 찾아오는 기간을 미리 알고 있는 것만으로도 무턱대고 놓아 버리는 나쁜 습관을 줄일 수 있었다. 그동안 날씨나 환경, 인간관계 등 외부 영향이 문제인 줄 알았다. 내가 할 수 있는 건 그저 온몸으로 받아 내는 것뿐이라고 생각했다. 기록하는 과정에서 직접 해결할 수 있는 것과 해결할 수 없는 것으로 나눠 접근했다. 데이터가 없었더라면 여전히 작심삼일에서 빠져나오지 못했을 것이다. 의지처럼 추상적인 요소가 아닌 지난 행적을 돌아보고 체크하는 방법으로 목표를 유지하고 달성하는 데 긍정적인 영향을 줄 수 있다.

지금도 번아웃은 주기적으로 찾아오지만 하루 이틀이면 다시 쌩쌩하고 열정 가득하던 때로 돌아간다. 고난이나 장애물이 찾아오더라도 포기하지 않는 비법은 매일 반복되는 일상에서 일어나는 일, 외부 및 내부 방해 요소로 인해 조급해지는 상황 등을 솔직하고 자세하게 적는 것이다. 특히 통제할 수 없는 외부 문제로 인해 내 감정까지 불편해져 목표 달성에 방해가 된다면 기록을 통해 미리 대처 방법을 생각해 볼 수 있다. 예를 들어 집중을 방해하는 것들이 주변에 많다면 기록을 토대로 나에게 맞는 장소와 시간을 찾아 변화를 주는 것이다. 이를 통해 결과는 충분히 달라질 수 있다.

목표에 도전하던 그 상황을 자세히 적는 것이 중요하다. 시간대, 날씨, 장소, 컨디션, 심리 상태 등 다양한 관점에서 바라보자. 차곡차곡 모은 기록물을 통해 피해야 할 상황 또는 의도적으로 만들어야 할 상황을 정리할 수 있다. 객관적인 플래너도 좋지만 그 당시 감정을 담을 수 있는 일기는 생각을 확장하는 데에 도움이 된다. 무리하지 않고 하루 한 페이지만 써 보자고 다짐했다. 일기 쓰는 행동 자체를 의심한 것이 무안할 정도로 하루 동안 나 자신을 돌아보고 정리하는 행동을 통해서 심리적으로 큰 위로를 받고 있다. 이제는 너무 피곤해서 아무것도 하기 싫을 때도 한 줄만 쓰겠다는 가벼운 결심으로 나와의 대화를 시작한다.

그동안 작성한 기록물을 참고해 보면 글쓰기 목표를 이루기 위해 피해야 할 상황으로는 점심 먹고 난 이후부터 1~2시간, 더운 여름, 후덥지근한 공기, 시끄러운 장소 등이었다. 반대로 의도적으로 만들면 좋은 상황은 새벽 기상 직후 고요한 1~2시간, 시원한 곳, 적당한 소음이 있는 대중교통 등으로 추려 볼 수 있다. 돈 모으기 목표는 가계부를 적극 활용한다. 가계부를 채우면서 스트레스를 받으면 충동적으로 음료를 사 먹는다는 사실을 알게 되었다. 몇 모금 마시면 이내 후회가 밀려왔음에도 좀처럼 해결 방법을 찾을 수 없었다. 음료 없이도 내 감정을 조절하고 싶었다. 돈을 쓰지 않아도 나쁜 감정을 해소하고 싶었다. 여러 시도 끝에 낮잠 또는 산책으로 부정적인 감정과 생각이 끊어진다는 것을 발견했다. 덕분에 감정을 통제하지 못해 발생한 소비를 줄일 수 있었다.

과거를 돌아보는 피드백은 반복되는 실수를 줄이기 위한 방법이다. 이와 더불어 성공 데이터도 함께 관리하면서 잘될 수밖에 없는 환경을 구성하는 것도 반드시 필요하다. 꾸준히 연습하면 실패 환경에서도 성공으로 바꿀 수 있는 힘이 생기기 때문이다. 주어진 환경을 그대로 수긍할지 아니면 적극적으로 극복할지는 스스로 결정해야 한다. 이번 기회에 한 달 정도 기록 도구를 활용하면서 중도에 포기했던 목표를 성공으로 바꿔 보자.

액션 플랜 2단계 예시

목표	행동 환경	신경 써야 하는 부분
하루 한 페이지 글쓰기	긍정: 아침(새벽 5~8시), 적당한 소음이 있는 곳	긍정: 아침에 일어나자마자 글쓰기 계획 넣기
	부정: 점심 먹고 1~2시간, 후덥지근한 날씨	부정: 집중 안 될 때는 수정 작업으로 대체하기
충동적인 음료 소비 줄이기	긍정: 강의 또는 모임 운영이 끝난 상황	긍정: 명확하게 보상이 필요한 일에 소비할 경우 맛있게 마시기
	부정: 좋지 않은 감정을 조절하기 어려운 상황	부정: 낮잠이나 산책으로 부정적인 감정 끊어 내기

액션 플랜 2단계 작성 팁

최대한 구체적으로 적으면 활용도가 높아진다. 하나둘 정리하다 보면 '나 사용 설명서'도 만들 수 있다.

액션 플랜 2단계 양식

목표	행동 환경	신경 써야 하는 부분
	긍정:	긍정:
	부정:	부정:
	긍정:	긍정:
	부정:	부정:

부록

액션 플랜 3단계:
현실 반영하기(8~10일 차)

과거를 기록하다 보면 어떤 상황에서 포기하거나 미루는지 파악할 수 있다. 성공하는 사람이 제시하는 노하우를 내 삶에 적용하는 것으로도 도움을 받을 수 있지만 줄곧 적어 온 나만의 기록을 참고하는 것이 더 현실적이고 효과가 좋다.

　　꽤 오랜 기간 이상주의적인 삶을 살았다. 고등학생 때는 공부할 시간에 공부 대신 가고 싶은 학교 사진을 보면서 간절히 원했고 대학 때도 취업 준비 대신 입사하고 싶은 회사만 생각했다. 현실의 나는 아무런 행동조차 하지 않는데 목표를 세우고 간절히 바라면 이뤄질 거라는 헛된 기대만 했다. 어떤 이변도 없이 탈락과 불합격 결과를 받았지만 단순히 운이 좋지 않아서, 경쟁률이 높아서, 시험이나 면접이 어려워서라고 말하며 외부 환경을 탓했다. 그래야 스스로 상처받지 않는다는 걸 알았다.

반면 돈이 없으면 내 탓을 했다. 돈을 헤프게 쓰는 바람에 좋아하는 친구들과 놀러 갈 수 없었던 비참한 그 상황을 극복하고 싶었다. 현금은 손에 잡히고 카드 사용은 기록에 남는 반면 시간과 목표는 눈에 명확하게 보이지 않아 와 닿는 것이 달랐다. '시간도 돈처럼 관리할 수 있지 않을까?'라는 생각과 함께 결국 경제적 자유를 이루려면 돈뿐만 아니라 시간에서도 자유가 필요하다는 것을 깨달았다. 가계부로 돈을 관리하듯 시간 역시 행동, 생각, 그때 마음가짐 등 사소한 것까지 모두 플래너와 일기에 기록했다. 우선 보이지 않는 미래 대신 과거 흔적을 기록하는 것부터 집중했다. 미래를 계획하는 것은 설레지만 이미 일어난 일을 적는 건 지루했다. 그럼에도 내가 남긴 흔적들에서 해답을 찾고 싶었다.

기록하는 습관이 없을 때는 자주 빼먹고 늘 예측 불가한 상황에 맞닥뜨렸지만 포기하지 않았다. 아침, 점심, 저녁 하루에 3번 알람을 맞췄고 알람이 울리는 즉시 플래너에 지난 시간 동안 한 것들을 기록했다. 이 과정에서 얻은 자료를 통해 그동안 왜 작심삼일이 될 수밖에 없었는지, 중도 포기하는 일을 심각하게 받아들이지 않고 당연한 과정이라고 여겼는지에 대한 실마리가 서서히 풀리기 시작했다.

막연한 목표와 계획만 바라보지 않고 지금 현재의 '나'를 기준으로 두고 현실적으로 할 수 있는 것부터 시작했다. 내가 원하는 모습은 뚜렷하지 않고 이상적일 수 있지만 그 사이에 현실적인 목표를 추가하면서 괴리감을 줄이는 것이다. 내가 바라는 책 쓰기의 이상적인 최종 목표가 '올해 12월 서점에서 책 만나기'라면 중간 목표는 역산 스케줄링을 통해 월별로 쪼갠다. 11월은 오탈자 및 내용 점검, SNS 홍보하기, 10월은 탈고하기 등 이렇게 목표를 잘게 나누다 보면 오늘 내가 해야 할 것이 '아침 30분 글쓰기'라는 구체적인 행동 목표로 바뀐다. 책 출간이라는 먼 미래의 일보다 매일 반드시 해야 하는 목표에 집중하는 것이다.

현실적인 목표는 누구나 쉽게 이룰 수 있는 목표를 말하는 게 아니다. 각자 상황에 맞는 목표를 찾아야 한다. 큰 목표를 세우는 것이 힘들면 반대로 하루에 할 수 있는 할당량을 계산하는 방법도 있다. 예를 들어 1년 독서 목표를 50권으로 잡는 게 아니라 먼저 하루에 읽을 수 있는 독서량부터 파악하는 것이다. 하루 10페이지라면 한 달 30일 기준으로 300페이지, 1권 정도 읽을 수 있다. 그러면 연간 목표는 12권이 된다. 10페이지 읽는 것도 힘들다면 무리하지 않고 1페이지 읽기부터 시작해 조금씩 늘려 가자. 나 역시 현재 한 달에 10권 이상의 책을 읽고 있지만 처음에는 매일 한 문단 읽기부터 시작했다.

액션 플랜 3단계 예시

목표	현재 상황	현실적 목표
(12월) 영어 교재 1권 끝내기	300페이지 중 50페이지까지 공부, 일주일에 평균 3회 30분 공부	아침 30분 하루 1개 챕터 공부하기
(12월) 책 10권 읽기	가방이 무거운 날에는 책 안 들고 다님, 자투리 시간에 핸드폰 봄	E-BOOK 들고 다니면서 대중교통 이용할 때 읽기, 하루 10페이지 타이머 켜고 읽기

액션 플랜 3단계 작성 팁

목표와 함께 이루고자 하는 기간을 적자. '현재 상황'에는 목표 달성을 위해 지금 어떤 행동을 하고 있는지 정리한다. '현실적 목표'는 현재 상황에 대한 기록을 바탕으로 지금 당장 행동할 수 있는 목표로 작게 나눠 적는 것을 추천한다.

액션 플랜 3단계 양식

목표	현재 상황	현실적 목표

부록

액션 플랜 4단계: 피드포워드하기(11~13일 차)

지금까지 2주간 목표를 세우면서 과거를 돌아봤다. 막연한 희망 사항이 아닌 현실을 반영하며 행동으로 옮기는 과정도 함께 알아봤다. 액션 플랜 1단계에서부터 3단계까지를 습관으로 만들기만 해도 이전과 다른 살아 있는 목표를 경험할 수 있을 것이다. 이번 단계에서는 지금 하고 있는 행동과 계획 방향, 속도를 점검할 것이다. 이 단계에서 계획만 세워 놓고 행동으로 이어지지 않은 목표도 확인할 수 있으므로 꼭 한 번 시도해 보길 권장한다.

피드포워드는 현재까지 나온 진행률 및 결과물 등을 기준 삼아 객관적으로 잘한 점, 아쉬운 점 그리고 앞으로의 계획 등을 미리 그려 보고 수정 및 추가하는 작업이다. 피드포워드를 작성할 때 가장 많이 하는 실수는 단순히 감정만 담아 후기처럼 접근하는 것이다. 힘들었다는 감상, 다음 주부터는 열심히 해야겠다는 다짐, 지금 상태를 유지하자는 제안 등이 그것이다. 이런 유형의 피드포워드는 작성하기 쉽지만 다음 단계에서 현실적으로 활용할 수 있는 데이터가 존재하지 않아 도움을 받기가 어렵다. 앞서 목표를 세울 때와 같이 구체적인 행동과 숫자를 넣어 보다 자세하고 즉시 행동으로 이어질 수 있도록 해야 한다. 힘들었던 이유와 좋았던 이유, 남은 기간에는 어떻게 계획하고 행동해서 목표에 다가갈 것인지 방법을 콕 집어 보는 것이다. 피드포워드는 단순한 리뷰보다 객관적이고 구체적으로 생각해야 해서 피하고 싶을 수도 있다. 가끔 다른 사람이 방향을 정해 주면 좋겠다는 생각도 든다. 그럼에도 스스로 부딪히면서 나를 점검하는 연습을 꾸준히 해야 한다. 실제 피드포워드 사례를 통해 현재 위치 점검하면서 판단해 보자.

액션 플랜 4단계 예시

목표 및 진행 상황	피드포워드	
아침 1문장 글쓰기 (10/30)	잘한 점	갈피를 못 잡다가 2주 차부터 30분씩 글 씀
	아쉬운 점	늦잠으로 아침 시간을 2번이나 활용하지 못함
	앞으로 계획	아침에 글 쓰고 끝내는 것이 심리적 부담도 줄고 아이디어가 많이 나와 계속 유지하고 싶음. 일찍 일어나려면 밤 11시 반 전에 자는 습관을 만들어야 함. 수면 부족도 부채처럼 쌓인다는 걸 잊지 않기

목표 및 진행 상황		피드포워드
무지출 20회 하기 (6/20)	잘한 점	소비할 때 한 번 더 생각하면서 과소비 막음
	아쉬운 점	무지출 달성을 위해 한 번에 몰아서 소비하는 빈도가 늘어남
	앞으로 계획	정말 필요한 물건 여부 체크는 계속 유지하기, 무지출 성공에 집착하지 않고 필요 소비 미루지 않기

액션 플랜 4단계 작성 팁

단순히 감정에 따른 리뷰보다 객관적 수치화를 반영해 앞으로 계획을 구체적으로 쓰는 걸 권한다. 또한 지금 당장 행동으로 이어지면 더욱 좋다. 피드백과 피드포워드의 차이는 112쪽에서 확인할 수 있다.

액션 플랜 4단계 양식

목표 및 진행 상황		피드포워드
	잘한 점	
	아쉬운 점	
	앞으로 계획	

목표 및 진행 상황	피드포워드	
	잘한 점	
	아쉬운 점	
	앞으로 계획	

액션 플랜 5단계: 방해 요소 제거하기(14~17일 차)

액션 플랜 4단계까지 넘어오면서 목표를 결과물로 만드는 과정이 만만치 않다는 걸 느꼈을 것이다. 이미 중간에 몇 번 포기했다가 다시 시작했을 수도 있다. 아니면 여러 장애물을 극복하고 지금도 꾸준히 유지하면서 목표로 향하는 사람도 있을 것이다. 피드포워드로 나온 데이터를 적극 반영하면 이전보다 목표 달성률이 올라갈 여지는 충분하므로 쉽게 포기하지 말자.

이번 5단계는 방해하는 요소를 찾아 제거하는 방법으로 중도 포기를 극복하고 싶은 사람에게 유용하다. 방해 요소는 외적 요소와 내적 요소로 나눌 수 있다. 외적 요소는 '오늘 예상치 못한 일이 생겨서', '갑자기 약속이 생겨서', '헬스장이 문을 닫아서', '날씨가 안 좋아서' 등 행동할 마음이 충분히 있는데 스스로 통제할 수 없는 외부 상황으로 인해 어쩔 수 없이 실패하는 경우다. 반면 내적 요소는 '오늘 피곤해서', '기분이 안 좋아서', '미루고 싶어서' 등 외부 환경에는 문제가 없지만 행동해야 하는 주체, 본인의 상태가 좋지 않아 실패하는 경우다.

어떠한 요소든 실패가 반복되면 의욕은 상실된다. 해결하지 못한 채 그대로 두면 심각할 경우 목표와 꿈마저 놓아 버릴 수 있다. '지금 나에게 중요하지 않아!'라는 자기합리화에 걸맞는 이유를 덧붙이는 것이다. 사람의 의지는 유혹에 쉽게 흔들린다. 습관이 잡힐 때까지는 의지에 의존하지 않고 오히려 할 수밖에 없는 시스템을 만들어 그곳에 본인을 가둬야 한다.

액션 플랜 5단계 예시

목표	외적 요소	내적 요소
글쓰기	1. 저녁은 집중하기 힘듦 2. 시끄러운 곳에서 어려움	1. 미루면 더 하기 싫음 2. 아침 시간을 놓치면 그날 아예 안함
	플랜A: 조용한 아침에 일어나자마자 한다	
	플랜B: 종이에 작성한 글을 타이핑하거나 수정한다	
운동	1. 덥거나 추우면 헬스장에 가기 싫음 2. 저녁에는 운동하는 사람이 많음	1. 간단한 운동으로 대체하면 후회함 2. 미루면 더 하기 싫음
	플랜A: 아침 6시 기준으로 기온 0도 이상, 비 또는 눈이 오지 않으면 헬스장에 간다	
	플랜B: 기준을 충족하지 못할 경우 홈트 프로그램을 1시간 진행한다	

액션 플랜 5단계 양식

목표	외적 요소	내적 요소
	1. 2.	1. 2.
	플랜A:	
	플랜B:	
	1. 2.	1. 2.
	플랜A:	
	플랜B:	

　　방해 요소에 해당하는 외적, 내적 요소는 뭉뚱그려 적지 말고 목표마다 1~2개의 이유를 적으면 좋다. 각 목표마다 방해하는 것은 조금씩 차이가 있을 텐데 하나의 이유로 묶는 것은 직접적인 해결에 도움이 되지 않기 때문이다. 'WHY'를 생각하면서 현재 못 하고 있는 이유를 솔직하게 정리해 보자.

　　내 경우에는 막상 시작하면 잘하는데 그 전까지 외부 평계, 내적 갈등이 심해서 고민이었다. 불필요한 감정 소모로 실천하기 전에 이미 지쳐 포기하고는 했다. 양식을 활용해 행동으로 이어지는 방해 요소를 찾을 수 있었다. 이를 제거하거나 단순하게 바꾸는 방법, 또는 아예 반대로 생각해 보는 방법으로 방해 요소를 극복할 수 있었다.

즉, 글쓰기 미션에 성공하기 위해서는 '조용한 아침에 일어나 자마자 한다'로 방해 요소의 반대 행동을 생각해 볼 수 있다. 행여 늦 게 일어났거나 플랜A로 도저히 미션을 할 수 없는 상황일 경우 '종이 에 작성한 글을 타이핑하거나 수정한다'로 플랜B를 만든다. 이때 주 의할 점은 플랜B 역시 기존에 이루고자 하는 목표와 연관 있는 활동 이어야 한다는 것이다.

이 방법을 'If-Then' 효과라고 부른다. '만약 무슨 일이 발생하 면 이렇게 할 것이다'로 미리 대비책을 마련해 두는 것이다. 외적, 내 적 요소를 통제 가능한 영역으로 바꾸면 할 수밖에 없는 환경이 만 들어져 성공 확률도 높아진다. 하지만 방해 요소를 인지하고 변화까 지 줬는데도 목표를 자꾸 외면하거나 행동을 미루는 등 부정적인 분 위기가 이어질 수 있다. 이럴 때는 액션 플랜 6단계인 '반드시 해야 할 이유 찾기'에서 꼭 해야만 하는 더 명확한 이유를 찾아보자.

부록

액션 플랜 6단계:
반드시 해야 할 이유 찾기(18~21일 차)

지금까지 목표를 구체적으로 만들고 바로 행동으로 옮길 수 있도록 작게 쪼갰다. 이후 일주일, 15일, 한 달 등 피드포워드 기간을 설정하면서 진행 상황을 점검했다. 외적, 내적 방해 요소를 제거했더라도 시간이 지나면 무뎌지거나 동기 부여가 약해진다. 눈에 보이지 않는 목표를 눈에 보이는 결과물로 만들어야 하기에 자연스러운 현상이다.

의욕이 떨어질 때마다 동기 부여 영상을 보거나 글을 읽으며 부족해진 의지와 열정에 연료를 채워 넣을 수 있다. 하지만 아쉽게도 이 방법은 어느 정도 목표 성취 궤도에 오른 사람이 지속성을 위해 활용할 때 효과가 생긴다. 오히려 의욕이 완전히 고갈된 상태에서 접하면 동기 부여 콘텐츠도 잔소리 또는 하나의 일로 여겨져 이마저도 피하게 된다.

나에게는 유튜브 제작이 그랬다. 영상보다 사진, 글로 콘텐츠를 만드는 게 더 재미있고 효율이 좋은데 시대의 흐름을 따르겠다며 유튜브를 시작했다. 하는 내내 불편한 옷을 입고 있는 느낌이었다. 언젠가는 적응할 것이라는 헛된 바람과 함께 말이다. 결국 유튜브와 관련된 목표만 보면 스트레스를 받았고 나도 모르는 사이 이 목표를 피하고 있었다. 물론 다시 도전할 기회는 열어 둔 상태지만 더 이상 억지로 하지 않는다. 그렇다고 하고 싶은 것만 하는 것도 아니다. 세워 둔 목표 중에는 아침 운동하기, 글쓰기, 미라클모닝 등 행동으로 이어지기까지 불편한 것들도 여전히 존재한다. 그럼에도 계속 도전하고 실패해도 포기하지 않는 이유는 이루고 싶고 해야 할 목적이 분명하기 때문이다.

액션 플랜 6단계 양식을 통해 지금 이 목표를 위해 실천해야 하는 이유를 정리해 보자.

액션 플랜 6단계 예시

목표	이것을 왜 해야 하는가?	달성했을 때 나의 모습은?
글쓰기	도움이 필요한 사람에게 내가 가진 지혜, 정보 등을 전하고 싶다	재테크 책 출간으로 퍼스널 브랜딩에 도움
운동	노후에 아프지 않고 건강하게 살기 위함, 현재는 체력 관리를 통해 잦은 병치레를 줄이고 싶다	늘어난 체력, 건강한 몸, 스스로 당당한 모습

액션 플랜 6단계 작성 팁

내가 정말 하고 싶은 이유, 욕망 등을 솔직하게 적는 것이 중요하다. 액션 플랜 4단계와 달리 객관적인 것보다 감정을 최대한 담는 것이 포인트다.

액션 플랜 6단계 양식

목표	이것을 왜 해야 하는가?	달성했을 때 나의 모습은?

지금까지 채운 액션 플랜 양식 중 가장 솔직한 감정을 담을 수 있다. 설레고 두근거리는 목표를 찾아 집중할 수도 있다. 이 양식에 적은 내용을 바탕으로 최근 자기 관리 루틴에서 많이 언급되고 있는 '나만의 긍정 확언'을 만들 수 있다. 이미 누군가가 제작한 확언도 있지만 오래 활용하고 싶다면 '달성했을 때 나의 모습'을 참고해서 직접 만드는 걸 추천한다. 이 외에도 드림 보드, 비전 보드, 보물 지도 등 시각화 자료로 활용할 수 있다. 무엇보다 현재 이루고자 하는 목표에 대한 갈피를 잡는 게 여전히 어렵거나 막연하다는 이유로 포기하고 싶을 때 정리해 보는 걸 추천한다.

액션 플랜 7단계:
목표를 실생활과 연결하기(22~25일 차)

액션 플랜 6단계까지 지나오면서 스스로 세운 목표를 반드시 해야 할 이유까지 꼼꼼하게 찾았더라도 행동으로 이어지는 것은 또 다른 문제다. 목표를 이루려면 명확한 계획과 방향 설정도 중요하지만 결국 실천 여부에 따라 결과가 달라지기 때문이다. 우리의 몸은 평소와 다른 행동을 하면 거부 반응을 쉽게 일으킨다. 낯선 환경과 분위기에 적응하려면 훨씬 더 많은 에너지를 써야 하기 때문에 하기 싫은 마음이 들거나 미루거나 하지 않을 이유부터 찾는 것은 자연스러운 현상이다.

맨 처음 운동할 때가 그렇다. 막상 하면 좋다는 것을 머리로는 알지만 몸은 움직이기 싫다고 신호를 보낸다. 앞에서 다뤘던 외적, 내적 방해 요소 핑계를 대며 미루기도 한다. 며칠 뒤 날려 버린 시간을 후회하며 왜 해야 하는지 목표에 대한 본질을 다시 찾는다. 시작도 하지 못하는 이유 중 하나는 이왕 하려면 완벽하게 하고 싶은 욕심 때문이다. 이것저것 스스로에게 미션을 부여하고, 준비할 것이 많아 시작하기도 전에 포기하는 일이 잦다. 운동의 경우 헬스장에 가서 제대로 하지 않으면 운동이 아니라고 여기는 고정 관념도 한몫할 수 있다.

이렇게 기준을 높여 놓으면 오히려 하고 싶은 마음조차 사라지는 결과로 이어진다. 무의식적인 습관으로 자리 잡을 때까지 일상생활에서도 쉽게 할 수 있는 방법으로 바꾸는 게 좋다. 운동에 대한 거부감이 사라질 때까지 '헬스장에 가서 무게를 들어야 운동한 것이다'라고 여기지 않는 것이다. 실생활에서 실천 가능한 계단 오르기, 홈트 등으로 난이도를 낮출 수 있다. 아침에 운동 유튜브로 하루를 시작하거나 출퇴근길에 지하철, 건물 계단을 오르며 추가로 유산소 운동도 함께 하는 것이다. 처음에는 이마저 거부 반응을 보여 꾸준히 하는 것이 어려울 수 있다. 그럴 때마다 '어차피 올라가야하는데 에스컬레이터가 아닌 계단으로 가는 거야. 지금 에스컬레이터 고장 났다고 생각하자'처럼 뇌를 속이는 것도 효과가 있다. 무리하게 도전하지 않고 하루에 딱 한 번 올라가기 목표를 세우면 달성 빈도가 더 높아지면서 자신감도 생긴다.

독서도 실생활과 연결하기 좋은 자기계발 중 하나다. 한 달에 10권 이상 독서한다고 말하면 책 읽을 시간을 어떻게 마련하는지 궁금해한다. 나 역시 당장 해야 할 일도 벅찬데 독서할 시간을 따로 만드는 것은 사치라고 생각했던 적이 있다. 하지만 간절하면 방법을 찾을 수 있다. 평일은 온전히 독서만 하는 시간을 만들기 어려워 자투리 시간을 찾아봤다. 대중교통을 타러 가는 길에는 오디오 북을 듣는다. 항상 E-BOOK을 가지고 다니면서 이동할 때 핸드폰이 아닌 책을 본다. 사람이 너무 많아 책을 읽을 수 없는 환경이라면 오디오 북을 듣는다. 운동할 때도 노래가 아닌 오디오북을 듣는다. 보통 1.6 배속으로 듣고 성우는 2명 이상 있는 소설 위주로 듣는다. 핸드폰으로 블로그나 유튜브 기타 SNS를 보거나 노래 듣는 행동을 독서로 바꿨을 뿐인데 따로 시간을 내지 않아도 한 달에 10권 이상을 읽을 수 있다. 음식을 주문하고 기다리거나 약속 장소에 일찍 도착했을 때도 책을 펼친다. 이렇게 쌓인 페이지가 모여 한 권이 된다. 주말에는 1시간 독서 타임을 가지면서 몰입 독서하고 있다. 일상생활과 연결되는 방향으로 목표 행동을 수행하면 마음의 짐을 내려놓을 수 있다.

액션 플랜 7단계 예시

목표	실생활에서 실행할 수 있는 방법	얻을 수 있는 효과
운동	계단 오르기, 앉지 않고 서 있기	하체, 유산소 운동 효과
독서	노래 대신 오디오북 듣기, 핸드폰 아닌 책 꺼내기	책 읽을 시간을 따로 마련하지 않아도 됨

액션 플랜 7단계 작성 팁

사소한 행동부터 시작하자. 첫술에 배부를 수 없다. 머릿속으로만 생각하지 않고 직접 해 보면서 조절해야 한다. 사람들마다 행동 패턴이 다르므로 내가 꾸준히 할 수 있는 행동을 찾아보고 습관으로 자리 잡을 때까지 계속 시도해 보자.

액션 플랜 7단계 양식

목표	실생활에서 실행할 수 있는 방법	얻을 수 있는 효과

액션 플랜 8단계:
함께할 사람 찾기(26~30일 차)

액션 플랜 1단계부터 7단계까지는 개별적으로 할 수 있는 방법을 소개했다. 한 달 단위로 적용하면 이전과 사뭇 다른 결과물을 얻을 수 있을 것이다. 시간 관리는 다른 자기계발과 달리 매일 최선을 다해 살아도 바로 바꾸기가 쉽지 않다. 오히려 밑 빠진 독에 물 붓는 것처럼 느껴질 수도 있다. 이때 포기하지 않고 매일매일 쌓아 올리면 언젠가 그 다음 단계로 나아갈 수 있는 힘과 내공이 생긴다. 우리의 성장은 우상향 직진이 아니기에 임계점에 언제 도달하는지는 알 수 없다. 어느 누구도 예측할 수 없는 것이 매력 있는 분야라고 생각한다.

자기계발 목표로 블로그 운영과 유튜브 채널 개설을 많이 꼽는다. 매일 뛰어드는 사람이 넘쳐 나 레드 오션이라고 생각하기 쉽지만 몇 번 시도하다가 포기하는 사람 또한 무수히 많다. 그러므로 오히려 꿋꿋하게 끝까지 버티는 사람이 생존하기 쉽다고 볼 수 있다.

나 역시 블로그를 10년 넘게 운영하면서 느낀다. '대학생 재테크', '재테크', '플래너' 등을 키워드로 글을 쓰는 사람들이 나타나면 반가운 마음으로 블로그 이웃 신청을 하는데 몇 달 뒤에는 자취를 감춰 소식마저 들을 수 없는 경우가 종종 있었다. 열심히 나를 갈아 넣었지만 시간 대비 효율이 없다는 게 느껴질 때 중도에 포기하는 듯하다. 또한 실천하면 바로 잘될 것이라는 막연한 희망도 지속하는 힘의 발목을 잡는다. 아이러니하게도 성장은 시간과 정비례하지 않는다. 즉, 한 시간 동안 열심히 했을지라도 그만큼의 보답을 온전히 돌려받기 힘든 구조라는 말이다. 단, 임계점을 넘으면 그때부터 가능성은 무한대로 증가할 수 있다. 그러다 보니 나도 중간에 포기하고 싶을 때가 많았다. 혼자서 고군분투하다 보니 나의 자유 의지가 굉장히 중요했다. 그동안 의지만 있으면 충분하다고 생각했지만 나의 변화무쌍한 의지를 통제하는 것은 쉽지 않았다.

자기계발을 더 오랫동안 잘 해내고 싶어서 같이 할 사람들을 구했다. 시간과 장소의 제약이 없는 온라인에서 관심사 또는 목표가 비슷한 사람들을 모아 6년 넘게 여러 분야에서 함께 자기계발을 하고 있다. 매일 우선순위 달성하기, 가계부 쓰기, 독서, 경제 공부, 외국어 공부, 아침 기상 등 혼자 하면 자꾸 미루는 것들 중심으로 간단한 규칙을 만들어 한 달 단위로 진행한다.

또한 연휴, 공휴일, 대체 공휴일이 최소 3일 이상 포함된 기간에는 스팟 모임을 만든다. 정해진 기간 동안 의미 있게 시간 보내고 싶은 사람들이 모여 성취할 목표를 정한 뒤 실천하면서 결과물을 공유한다. 아침 7시부터 9시까지 ZOOM에 모여 함께 성장하는 줌모닝 시간도 있다. 스팟 모임 특성상 모임 기간이 짧아서 부담 없이 참여가 가능하다. 단기간에 바짝 집중할 수 있는 것을 원하는 사람에게 추천한다.

특히 온라인에서 누군가와 함께한다는 것은 부담이 될 수도 있다. 적응할 때까지 많은 에너지 소모가 발생하기도 한다. 그 시기를 넘기고 익숙해지면 함께하는 힘을 온전히 느낄 수 있고 이 힘을 스스로의 성장에 긍정적으로 활용할 수도 있다. 함께하는 힘은 온라인, 오프라인 다양한 곳에서 상시 모집 중이니 본인에게 부담이 덜한 방법을 선택하고 적극적으로 참여하자.

소개 글이나 후기 등을 꼼꼼하게 찾아서 읽어 보는 것만으로도 좋은 모임을 고를 수 있다. 예를 들어 독서 모임인데 책에 대한 이야기보다 다른 친목 활동에 대한 이야기가 많으면 걸러 낸다. 영어 회화 모임인데 책으로만 공부한다면 참여하지 않는다. 이렇게 조금만 관심을 가지면 유익한 모임을 발견할 수 있다.

오늘도 조금씩 성장하는 당신을 응원한다.

요니나가 직접 운영하는 온라인 프로젝트

요니나 돈버릇 트래커

요니나 돈버릇 트래커

책을 통해 익힌 돈버릇을 이제는 실천할 차례다. 한 달 동안 이루고 싶은 돈버릇 목표를 적고 일주일 단위로 계획을 짜 보기를 권한다. 그리고 하루를 마무리하며 실천 여부를 표시한다. 일주일이 지나면 한 주를 회고하며 돈버릇 의지를 다진다. 돈버릇 트래커에 꾸준히 기록하다 보면 어느새 돈은 내 편이 되어 있을 것이다. 재테크뿐만 아니라 무기로 만들고 싶은 생활 습관을 실천하고자 할 때 사용하는 것도 추천한다.

Monthly Money Goal: _____ (/ 30)

							Weekly FeedForward
1	2	3	4	5	6	7	☆☆☆☆☆
8	9	10	11	12	13	14	Weekly FeedForward ☆☆☆☆☆
15	16	17	18	19	20	21	Weekly FeedForward ☆☆☆☆☆
22	23	24	25	26	27	28	Weekly FeedForward ☆☆☆☆☆
29	30	Monthly FeedForward					

Monthly Money Goal: _____ (/ 30)

							Weekly FeedForward
1	2	3	4	5	6	7	☆☆☆☆☆
8	9	10	11	12	13	14	Weekly FeedForward ☆☆☆☆☆
15	16	17	18	19	20	21	Weekly FeedForward ☆☆☆☆☆
22	23	24	25	26	27	28	Weekly FeedForward ☆☆☆☆☆
29	30	Monthly FeedForward					

Monthly Money Goal: _____ (/ 30)

1	2	3	4	5	6	7	Weekly FeedForward ☆☆☆☆☆
8	9	10	11	12	13	14	Weekly FeedForward ☆☆☆☆☆
15	16	17	18	19	20	21	Weekly FeedForward ☆☆☆☆☆
22	23	24	25	26	27	28	Weekly FeedForward ☆☆☆☆☆
29	30	Monthly FeedForward					

Monthly Money Goal: _____ (/ 30)

1	2	3	4	5	6	7	Weekly FeedForward ☆☆☆☆☆
8	9	10	11	12	13	14	Weekly FeedForward ☆☆☆☆☆
15	16	17	18	19	20	21	Weekly FeedForward ☆☆☆☆☆
22	23	24	25	26	27	28	Weekly FeedForward ☆☆☆☆☆
29	30	Monthly FeedForward					

Monthly Money Goal: _____ (/ 30)

1	2	3	4	5	6	7	Weekly FeedForward ☆☆☆☆☆
8	9	10	11	12	13	14	Weekly FeedForward ☆☆☆☆☆
15	16	17	18	19	20	21	Weekly FeedForward ☆☆☆☆☆
22	23	24	25	26	27	28	Weekly FeedForward ☆☆☆☆☆
29	30	Monthly FeedForward					

Monthly Money Goal: _____ (/ 30)

1	2	3	4	5	6	7	Weekly FeedForward ☆☆☆☆☆
8	9	10	11	12	13	14	Weekly FeedForward ☆☆☆☆☆
15	16	17	18	19	20	21	Weekly FeedForward ☆☆☆☆☆
22	23	24	25	26	27	28	Weekly FeedForward ☆☆☆☆☆
29	30	Monthly FeedForward					

Monthly Money Goal: _____ (/ 30)

1	2	3	4	5	6	7	Weekly FeedForward ☆☆☆☆☆
8	9	10	11	12	13	14	Weekly FeedForward ☆☆☆☆☆
15	16	17	18	19	20	21	Weekly FeedForward ☆☆☆☆☆
22	23	24	25	26	27	28	Weekly FeedForward ☆☆☆☆☆
29	30	Monthly FeedForward					

Monthly Money Goal: _____ (/ 30)

1	2	3	4	5	6	7	Weekly FeedForward ☆☆☆☆☆
8	9	10	11	12	13	14	Weekly FeedForward ☆☆☆☆☆
15	16	17	18	19	20	21	Weekly FeedForward ☆☆☆☆☆
22	23	24	25	26	27	28	Weekly FeedForward ☆☆☆☆☆
29	30	Monthly FeedForward					

Monthly Money Goal: _____ (/ 30)

1	2	3	4	5	6	7	Weekly FeedForward ☆☆☆☆☆
8	9	10	11	12	13	14	Weekly FeedForward ☆☆☆☆☆
15	16	17	18	19	20	21	Weekly FeedForward ☆☆☆☆☆
22	23	24	25	26	27	28	Weekly FeedForward ☆☆☆☆☆
29	30	Monthly FeedForward					

Monthly Money Goal: _____ (/ 30)

1	2	3	4	5	6	7	Weekly FeedForward ☆☆☆☆☆
8	9	10	11	12	13	14	Weekly FeedForward ☆☆☆☆☆
15	16	17	18	19	20	21	Weekly FeedForward ☆☆☆☆☆
22	23	24	25	26	27	28	Weekly FeedForward ☆☆☆☆☆
29	30	Monthly FeedForward					

Monthly Money Goal: _____ (/ 30)

1	2	3	4	5	6	7	Weekly FeedForward ☆☆☆☆☆
8	9	10	11	12	13	14	Weekly FeedForward ☆☆☆☆☆
15	16	17	18	19	20	21	Weekly FeedForward ☆☆☆☆☆
22	23	24	25	26	27	28	Weekly FeedForward ☆☆☆☆☆
29	30	Monthly FeedForward					

Monthly Money Goal: _____ (/ 30)

1	2	3	4	5	6	7	Weekly FeedForward ☆☆☆☆☆
8	9	10	11	12	13	14	Weekly FeedForward ☆☆☆☆☆
15	16	17	18	19	20	21	Weekly FeedForward ☆☆☆☆☆
22	23	24	25	26	27	28	Weekly FeedForward ☆☆☆☆☆
29	30	Monthly FeedForward					

Monthly Money Goal: _____ (/ 30)

1	2	3	4	5	6	7	Weekly FeedForward ☆☆☆☆☆
8	9	10	11	12	13	14	Weekly FeedForward ☆☆☆☆☆
15	16	17	18	19	20	21	Weekly FeedForward ☆☆☆☆☆
22	23	24	25	26	27	28	Weekly FeedForward ☆☆☆☆☆
29	30	Monthly FeedForward					

Monthly Money Goal: _____ (/ 30)

1	2	3	4	5	6	7	Weekly FeedForward ☆☆☆☆☆
8	9	10	11	12	13	14	Weekly FeedForward ☆☆☆☆☆
15	16	17	18	19	20	21	Weekly FeedForward ☆☆☆☆☆
22	23	24	25	26	27	28	Weekly FeedForward ☆☆☆☆☆
29	30	Monthly FeedForward					

돈버릇

초판 1쇄 발행 2023년 5월 1일

지은이 김나연(요니나)
펴낸이 이광재

책임편집 구본영
디자인 이창주   **마케팅** 정가현   **영업** 허남, 성현서

펴낸곳 카멜북스   **출판등록** 제311-2012-000068호
주소 서울특별시 마포구 양화로12길 26 지월드빌딩 3층
전화 02-3144-7113   **팩스** 02-6442-8610   **이메일** camelbook@naver.com
홈페이지 www.camelbooks.co.kr   **페이스북** www.facebook.com/camelbooks
인스타그램 www.instagram.com/camelbook

ISBN   979-11-982198-9-3 (03320)